Pintores suicidas en España (1800-1950)

Y otros temas sobre la muerte y los artistas.

Pintores suicidas en España (1800-1950)

Y otros temas sobre la muerte y los artistas.

Fernando Alcolea Albero

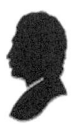

DEDICATORIA

A todos aquellos que por una u otra razón nos dejaron antes de tiempo.

ÍNDICE

AGRADECIMIENTOS

A todos aquellos investigadores y gente anónima que gracias a sus
esfuerzos nos han permitido seguir avanzando.

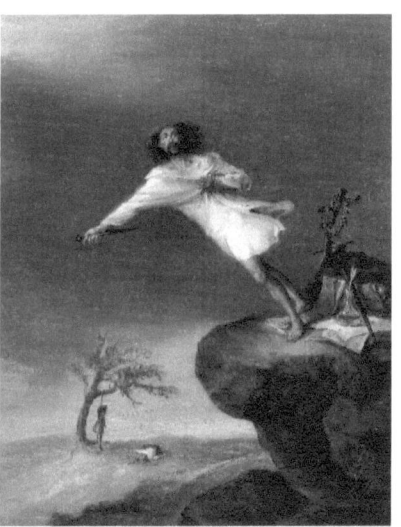

Leonardo Alenza. *El suicida*.

1. PINTORES SUICIDAS EN ESPAÑA (1800-1950)

Suicidios

El llamado "Mal del siglo" afectó al igual que a otros seres mundanos, a muchos artistas que trabajaron en la península en los siglos XIX y XX. En las siguientes líneas encontraremos una relación de artistas, unos conocidos y otros inéditos, que por distintas razones decidieron acabar con su vida.

Cronológicamente nuestro estudio comienza en la península con el singular relato del pintor alemán Johan C. Baese (Brunswick, Alemania, 7 marzo 1790 – Madrid, 3 agosto 1837)[1]. Johan Baese se había formado en Italia donde se sintió maravillado al descubrir las obras del gran pintor Rafael. Sabedor de que en la capital de España se conservaban las obras *El Pasmo de Sicilia* en el Real Museo y *La Virgen del Pez* en el Monasterio del Escorial, decidió viajar a Madrid en 1832 con el propósito de efectuar las copias, consiguiendo el correspondiente "Real Permiso" para llevar a cabo su tarea. Pero tal empresa no la retomó hasta que regresó nuevamente a Madrid en 1837, tras haber permanecido cinco años en Italia, decidido entonces a llevar a término la ejecución de los cuadros. Desde el primer momento, la obsesión de llevar a la perfección las copias

---

[1] Pedro Madrazo "El pintor Alemán Juan C. Baese" en *El Español*, 13 agosto 1837

de dichos obras se apoderó de su mente de forma obsesiva, pues deseoso de obtener tal grado de perfección en su trabajo, la magnitud que puso en el empeño del mismo le superó hasta provocarle una gran crisis existencial. En la noche del tres de agosto de 1837[2] se autolesionó con una herida en el cuello y se lanzó al canal de Madrid acabando con su vida. El mismo día había dirigido una carta a su amigo José de Madrazo en la que le relataba que todas sus esperanzas se habían desvanecido y que enviara todos los cuadros que poseía en su casa de Bremen al cónsul Frederick Schroeder, cediéndole además sus libros y la estampa del *Pasmo de Sicilia*. Una gran comitiva de artistas y literatos presidió el entierro el día 7 de agosto en el cementerio de la Puerta de Toledo donde el pintor José de Madrazo y el poeta Eugenio de Ochoa leyeron sendos homenajes al malogrado pintor.

Por motivos revolucionarios vio truncada su vida el profesor de pintura y música José Quesada (Antequera, Circa 1820 - Antequera, 17 noviembre 1861) que estaba afiliado en la Sociedad Democrático Socialista. Como consecuencia de haber estado involucrado en la sublevación campesina de Loja de 1861, también denominada "Revolución del pan y el queso", fue detenido en el mes de septiembre y encerrado entre rejas en la prisión de Antequera. Incapaz de soportar los atropellos y suplicios acaecidos durante su encarcelamiento, acabó con su vida administrándose una combinación mortal de fósforos y ron[3].

El desconocido pintor Fernando Ribelles y Granés (Madrid, Circa 1820 – Madrid, 20 enero 1863)[4] de carácter extremadamente modesto y retraído, llevaba una vida totalmente aislada en su taller de la calle Leganitos de Madrid. Respecto a su actividad artística, solamente sabemos que en 1858 realizó un dibujo para la Real Fábrica de tapices que sobresalió por su gracia y novedad[5]. Acabó suicidándose en su estudio a las 11.30 de la mañana del 20 de enero de 1863 disparándose un tiro en la sien izquierda. [6]

El pintor, dibujante y fotógrafo Rafael de Castro y Ordoñez (Madrid, 1834 – Madrid, 10 de diciembre de 1865), alcanzó su fama por

---

[2] *El Eco del Comercio*, 14 agosto 1837.

[3] *La Correspondencia de España*, 23 septiembre 1861 y *La Discusión*, 26 y 27 noviembre 1861.

[4] No confundir con el pintor José Ribelles y Help.

[5] *La Esperanza*, 18 diciembre 1858

[6] *La correspondencia de España*, 21 enero 1863

plasmar las vistas y lugares que documentó en la famosa expedición científica española que recorrió el Pacífico en 1862. Pero tres años después, y a causa de una pasión amorosa no correspondida, atentó contra su vida a las seis y media de la tarde del 30 de noviembre de 1862 disparándose con un revólver en el pecho izquierdo en su casa de la calle Mayor, 21 de Madrid, quedándose tan malherido que falleció diez después[7]

Más confuso fue el suceso del grabador y pintor mallorquín José Roselló y Prados (Palma de Mallorca, Circa 1830 – Madrid, 10 de febrero 1872)_[8] que el 10 de febrero de 1872 fue arrollado por el tren de la línea del Norte a la altura del denominado "Puente de los Franceses" de Madrid. Si bien en un primer momento se pensó inmediatamente en la posibilidad del suicidio, posteriormente se especuló que lo más probable es que el suceso fuera producto de una imprudencia, pues la víctima llevaba consigo una importante suma de dinero francés con el objeto de asistir a un compromiso de vital importancia en Paris_[9].

El pintor y litógrafo alicantino Ramón Amérigo Morales (Alicante, 1807 –Madrid, 2 noviembre 1878)[10] tío del famoso pintor Francisco Javier Amérigo y Aparici, se suicidó disparándose en la cabeza con una pistola de bolsillo en 1878 en su piso de la Ronda de Atocha de Madrid[11].

El aragonés León Ulled (Zaragoza 1822 – Zaragoza abril 1888) después de realizar sus estudios en la Academia de Bellas Artes de San Luis de Zaragoza y obtener un premio en la exposición de pinturas de la Academia de San Luis en 1847, orientó su carrera al ámbito de los negocios, siendo representante de la Casa Simón y Montaner de Barcelona. Un día de abril de 1888 se suicidó de un tiro en su despacho

---

[7] "Suicida" en *La España*, 2 de diciembre de 1865 y *La Esperanza*, 14 diciembre 1865. J.A. GONZALEZ PIZARRO "Los artículos de Rafael Castro y Ordoñez" en el *Museo Universal* (1863-1864).

[8] Era familiar del marqués de Almenara. En París fue discípulo de Henriquel y Cabanel. Obtuvo en 1866 una medalla de plata en la exposición del Fomento de las Artes de Madrid y participó con un grabado en el Salón de la capital francesa de 1868

[9] *La España*, 11 febrero1872, *La Esperanza*, 12 febrero 1872 y *La Correspondencia de España*, 11 y 12 febrero 1872.

[10] Pocas noticias hay sobre este artista. En 1834 consta en la milicia urbana como profesor de pintura residiendo en Madrid. *Diario de Madrid*, 18 junio 1834

[11] *La Iberia*, 3 noviembre 1878

de Zaragoza. No pudo soportar que un hijo suyo, dedicado a la mala vida, fuera acumulando varias demandas judiciales por estafa [12]

El pintor retratista toscano Andrés Giuliani y Cosci (Livorno, 1815, Almería, abril 1889) [13] tras recibir su formación artística en Florencia, recaló en España en el apogeo de su juventud. Realizó una brillante carrera, pues después de residir en Madrid, ejerció de director de la Academia de Nobles Artes de Granada, viajó a Brasil en 1854 donde fue nombrado pintor de Cámara de su emperador[14] y posteriormente se estableció en Almería donde ejerció como profesor director de la Academia Especial de Dibujo. Si bien profesionalmente, los asuntos iban bien para Giulani, no así su convivencia matrimonial. Al final no pudo soportar a su esposa, que de carácter histérico y de formación rudimentaria, empujó a su espíritu para arrojarse al mar un día del mes de abril de 1889 en el puerto de Almería.

En cuanto a Emilio Obón Llerandi (Benifayó, Valencia 1860 – Madrid, 8 julio 1889) aunque nacido en tierras valencianas, residió en Ciudad Real donde fue pensionado en Roma por su diputación. De regreso a Madrid, realizó oposiciones para una plaza de profesor sin conseguirlo. El pintor, disconforme con las decisiones del tribunal calificador entró en un estado tal de desesperación que se suministró una dosis de opio. Al fallar en su primer intento de quitarse la vida, consiguió finalmente su objetivo al infligirse dos disparos con un revólver en la sien derecha. Dio la alarma su compañero de habitación Manuel Santos Fernández. Falleció el 8 de julio de 1889 en una modesta pensión madrileña de la calle Muñoz Torrero. [15] Fue un suicidio premeditado, pues dejó cinco cartas escritas, una de ellas dirigida al director del periódico *El Liberal* donde expresaba las injusticias y discrepancias con el jurado que le privaron de su plaza de profesor.

Todavía más convulso fue el drama que protagonizó el pintor de abanicos valenciano Francisco Micó (Valencia, 1857 – Valencia, 22 julio 1889). Llevaba tan solo cuatro meses casado en segundas nupcias con la joven de 22 años Pilar López, cuando esta, incapaz de soportar el carácter

---

[12] *El Liberal*, 25 abril 1888

[13] Antonio SEVILLANO "Giulani. El pintor del final desdichado" en Elalmeria.es.

[14] *El Heraldo*, 22 marzo 1854

[15] *El Día*, 8 julio 1889; *El Imparcial*, 9 julio 1889;*El País*, 9 julio 1889; *El Liberal*, 11 julio 1889; *Iberia*, 9 julio 1889; *La Época*, 11 julio 1889; *Anuario Literario y Artístico*, 1890.

impulsivo de su marido decidió irse a vivir buscando refugio en la casa de su madre. El pintor no lo pudo soportar y tras una nueva discusión acalorada, le disparó mortalmente en la cabeza. Acto seguido, el artista se dirigió a su piso y acabó de la misma forma con su vida[16].

El riojano Baldomero Sáenz Martínez (Logroño, 9 diciembre 1865 – Madrid, 19 noviembre 1889)[17] Era el hijo mayor del funcionario de hacienda Baldomero Sáenz Ramírez y de Manuela Martínez Muro, ambos de Logroño. Discípulo de la Escuela Especial de Pintura de Madrid, entabló una estrecha amistad con el pintor aragonés Mariano Barbasán, con el que viaja a Roma en 1888. Después de visitar la exposición Universal de Paris de 1889, retorna a Madrid donde se rencuentra con su antigua amante, la también riojana Adriana Trevijano, pero está no le corresponde con su amor. Pronto, todo se precipita, ahogado por el desespero, a la una y media de la tarde del día 19 de noviembre, el pintor se dispara con un revolver en la sien derecha en su domicilio de la calle Barco, 38 de Madrid. Contaba tan solo veinticuatro años de edad. Días más tarde la señorita Trevijano sería llamada a declarar por el juez de instrucción Felipe Peña para esclarecer las causas del suceso.[18]

Una tarde del tres de julio de 1890 el pintor Horacio Lengo y Martínez (Torremolinos, 1834 – Madrid, 3 julio 1890) regresaba como de costumbre a su domicilio familiar de la calle Zurbano donde le esperaba su bella hija la pintora Clara Lengo, manifestándole que se sentía algo enfermo. Y es que el pintor hacía tiempo que sufría una anemia cerebral que le provocaba un fuerte daltonismo. Cuando la condesa viuda de Campo le había encargado recientemente pintar el techo de su hotel, el pobre artista se percató que sus ojos, su bien más preciado, se iban apagando. El pintor, sin previo aviso, se dirigió entonces a su estudio de la calle Fernando el Santo. Entró en la habitación donde solía preparar los colores y subiéndose en lo alto de una silla se colgó de una soga de cuello corredizo que previamente había enlazado en un gancho del marco superior de la ventana. Cuando su familia, alarmada por la tardanza del pintor, envió a un criado para averiguar lo sucedido,

---

[16] *La Correspondencia de España*, 23 julio 1899 y *El Día*, 25 julio 1899

[17] María de los Ángeles HERAS Y NUÑEZ y Elena ÁNGELES y ARIZNAVARRETA RUIZ. *Baldomero Sáenz. Un pintor riojano del siglo XIX*. Fundación Caja Rioja. Logroño 1996

[18] *El correo militar*, 20 noviembre 1889; *El País*, 20 noviembre 1889 y *Diario de Madrid*, 1 diciembre 1889.

encontró la mencionada silla tumbada en el suelo y el cuerpo inerte del artista colgando vestido con su ropa de calle.

Peculiar y trágica es la vida del pintor y grabador Aurelio Blasco y Maicas (Onteniente, 3 febrero 1838 – Madrid, 19 abril 1891)[19] que fue un artista de personalidad obsesiva. Su enajenación se desencadenó al fallecer en 1882 su primera esposa Feliciana Polk y Araus. A partir de este momento derrochó parte de la fortuna que le había legado su difunta mujer en costear misas cantadas en sufragio por su alma. Peor fue cuando conoció a su segunda mujer, Petra Rojas, de personalidad desequilibrada y de convicciones profundamente religiosas. Su relación estuvo rodeada de intrigas, pues un día de enero de 1887 mientras paseaba el pintor por la calle de Fuencarral de Madrid recibió varios navajazos en la espalda por otro amante que también pretendía a su esposa. Cuatro años más tarde, incapaz de soportar la situación y alterada su personalidad por las fuertes medicaciones que tomaba, se ahorcó en 1891 con un cordón de seda en la vivienda de la calle San Jerónimo de Madrid. [20] Su viuda también acabaría en el albor de su vida en los límites de la demencia. A pesar de disfrutar de una gran fortuna, se alimentaba a base de pan duro y sopas de ajo. Sus círculos sociales se referían a ella como "La sucia", por su dejadez en el vestir. Falleció en 1903 y haciendo gala de su extrema devoción, legó en el testamento toda su fortuna a las hermanas de San Vicente de Paul para construir un asilo para pobres. [21]

El pintor y periodista Eulogio Bandrés (San Sebastián, Circa 1830 - San Sebastián, 26 septiembre 1891), de ideas republicanas, colaboró con los periódicos *La Libertad* y *El Anunciador Ibérico*, puso fin a sus días el 26

---

[19] Cursó sus estudios en la Academia de San Carlos de Valencia y en la de San Fernando de Madrid donde fue nombrado Académico. Con 23 años marcha a Paris (1861) donde ingresa en el taller de Léon Cogniet y en 1863 en l'école de Beaux Arts donde es discípulo de Léon Gerôme. Participó en la Exposición Nacional de Bellas Artes de 1871.

[20] Mireia FERRER ALVAREZ. *París y los pintores valencianos (1880-1914)*. 2008; Carlos GONZÁLEZ *Pintores españoles en París*. Barcelona, 1989; *La Correspondencia de España*, 21 noviembre 1882; *Diario de Madrid*, 6 junio 1883; "Un herido" en *El Día*, 2 enero 1887; *El Imparcial* 3 enero 1887. "Un suicidio" en *La Época*, 20 abril 1891.

[21] El testamento estuvo rodeado de polémica, fue impugnado por sus dos sobrinas aludiendo a la locura de doña Petra. Ambas carecían de recursos y tuvieron que sustentarse ejerciendo de lavandera y cigarrera, pues no les legó ni un céntimo

de septiembre de 1891 en las cercanías del cementerio de San Sebastián. Se disparó con una pistola en la sien. [22]

Angustiado por su futura situación económica, el joven Obdulio Miralles Serrano (Totana, 3 septiembre Murcia, 1865 – Madrid, 21 diciembre 1894)[23] se auto infligió dos disparos sobre su sien derecha con una pistola de pequeño calibre. El trágico suceso ocurrió durante la mañana del 21 de diciembre de 1894 en la cama de su cuarto de la calle Barrionuevo de Madrid.[24]

A pesar de disfrutar de una pensión de la Diputación de Murcia, el pintor fue presa de una depresión causada por las dudas de su incierto futuro económico. El artista había residido durante doce años en tierras cubanas.

No se saben muy bien las causas que llevaron al pintor y militar Pedro Gassis Minondo (Pasajes, 1850 – Burgos, 17 junio 1896)[25]a acabar con su vida trágicamente el 17 de junio de 1896, pues gozaba según sus amistades de un carácter apacible y jovial. Es posible que le hubiera afectado el suicidio llevado a cabo por un hermano suyo, también militar de artillería, sucedido en Pamplona hace poco tiempo o quizá unas misteriosas cartas que acababa de recibir y cuyo contenido le contrariaron mucho. Lo cierto es que en tal fatídica fecha encontró la muerte en una fonda de Burgos al dispararse con un revolver en la cabeza. Dejó una carta escrita relatando las penas y sufrimientos que padecía tanto físicos como morales.[26]

Por causas desconocidas el pintor galo radicado en Madrid Francisco Mathias (Gonesse, Francia, 1856 - Madrid, 20 noviembre 1896)

---

[22] *Diario de Madrid*, 28 septiembre 1891 y *La Correspondencia de España*, 27 septiembre 1891.

[23] Eulalia MIRALLES LOZANO. *Tras el color inefable - La pintura de Obdulio Miralles (1865-1894)*. Murcia, 2002

[24] *El Día*, 21 diciembre 1894 y *El Imparcial*, 22 diciembre 1894.

[25] Cursó sus estudios en Roma bajo la dirección de Martín Rico siendo premiado con una medalla en la Exposición Nacional de 1893 por un cuadro de Venecia. En 1883 fue nombrado capitán de artillería, siendo destinado durante varios años en Pamplona. En la Exposición Nacional de 1893 presentó cuatro cuadros de Venecia, siendo premiado uno de ellos con medalla.

[26] *EL Liberal Navarro*, 19 junio 1896; *El Correo Militar*, 19 junio 1896 *y La Época*, 18 junio 1896.

también decidió poner término a sus días. En la capital de España, llevaba una vida completamente normal, colaboraba en una publicación semanal y participaba periódicamente en las exposiciones del Círculo de Bellas Artes, entidad de la que era socio.[27] A las doce de la tarde del 20 de noviembre de 1896 se disparó un tiro en la sien derecha cuando merodeaba por el paseo de la Moncloa de Madrid. En uno de sus bolsillos, una escueta carta dirigida al juez indicaba que no se culpara a nadie por su muerte[28]

Seguramente una de las muertes más sentidas, lloradas y que mayor eco tuvieron en la prensa fue la del célebre escultor Antonio Susillo (Sevilla, 18 de abril de 1857 - 22 de diciembre de 1896). El fatal acontecimiento tuvo lugar a las cuatro y media de la tarde del día 22 de diciembre de 1896 en la llamada estación del Empalme, distante a cuatro kilómetros de Sevilla y cuyos trenes enlazan con los andaluces para dirigirse a Madrid, Zaragoza y Alicante[29]. De hecho, el artista ya había incubado desde hace tiempo en su mente tal perniciosa idea. Pues acostumbraba a pasearse de forma solitaria por los railes de la vía férrea en la zona de la Puerta de la Barquena y consta que ya en una ocasión intentó sin éxito atentar contra su vida[30]. La sucesión de los hechos fueron los siguientes.[31] El día anterior, lunes a las cuatro de la tarde el artista adquirió un revólver con sistema *hammerless* de calibre 45 en la armería del señor Plasencia de la calle Sierpes. La jornada del fatídico desenlace, vestido de negro, salió de su casa a las ocho y cinco de la mañana para coger el tren correo y apearse en la estación del Empalme. Estuvo varias horas merodeando en dicho hangar, meditando acaso en su interior la determinación de su cruel decisión. Horas más tarde se fue caminando un kilometro a lo largo de la vía dirección a un corral de reses bravas El escultor se propinó entonces un

---

[27] Consta que participó en las ediciones de 1893 y 1894 con un retrato de una mujer al pastel.

[28] *Correo de Gerona*, 23 noviembre 1896; *El Liberal*, 21 noviembre 1896 y *Diario de Madrid*, 21 noviembre 1896.

[29] Su suicidio fue catalogado de "Reflexivo crónico" un término propio de la medicina del XIX. Ver: José MARTINEZ PEREZ. *Suicidio, crisis política y medicina mental en la Francia del siglo XIX. (1801-1885)*. Frenia, 2001

[30]El periodista se refiere en que estando en una ocasión en Málaga con su compañero el señor Malgañon se propinó un disparo hacia la sien que fue desviado en el último momento por su amigo. "El suicidio de Susillo" en *La Época*, 26 de diciembre de 1896

[31] Son varias las versiones que la prensa de la época ha ido elaborando y se ha tratado de hacer una síntesis coherente.

disparo con el revolver debajo de la barbilla[32]. Dos tarjetas fueron encontradas en el bolsillo de su americana. La primera iba dirigida al juez donde aclaraba textualmente que *Me mato yo* y que su mujer era la única heredera. La segunda iba dirigida a su esposa: *Perdóname, María de mi alma. Me mato porque me he convencido de que mi carrera es insuficiente para ganarse la vida*[33]_. Sus restos fueron enterrados en el cementerio de San Fernando de Sevilla, al lado de su amigo el pintor Ricardo Villegas y Cordero, que un mes antes había fallecido en el naufragio del vapor *Aznalfarache* en el Guadalquivir.

Una tarde del 17 de agosto de 1899 fue encontrado junto a las rocas del Lazareto de Salou el cadáver de un hombre que presentaba fuertes contusiones en la cabeza. Se trataba del joven pintor y poeta Hortensi Güell y Güell (Reus, 1878 -Salou, 16 agosto 1899)[34] amigo de Picasso e hijo del escritor José Güell y Mercader. El día anterior se había arrojado desde lo alto de un acantilado contra unas rocas. En su cadáver se hallaron dos cartas dirigidas a sus padres donde se dejaba entrever que puso fin a sus días por causa de un desamor. Su muerte fue especialmente sentida por lo círculos artísticos y literarios.[35]

La degeneración psíquica fue lo que le llevó al pintor paisajista Emilio de la Iglesia y Juste (Burgos, Circa 1860 - Madrid, 16 de marzo de 1901) a acabar con su vida trágicamente. Antes de perder sus facultades mentales, había participado en las Exposiciones Nacionales de 1895, 1897 y 1899 con los cuadros *Después de la nevada, Tarde de invierno* y *Paisaje del Retiro*. El pintor residía junto a su madre Constantina Juste en una humilde vivienda de la calle Castelló de Madrid. Ambos sobrevivían muy pobremente, siendo la única fuente de ingresos la venta de cuadros y pinturas sobre platos que el artista conseguía vender a marchantes ambulantes de poca monta que recorrían los paseos y cafés de Madrid. Paulatinamente tanto la salud mental del pintor como la escasez de recursos le irían deteriorando hasta que Emilio llegó a perder el juicio. El

---

[32] *El Liberal*, 23 y 26 diciembre 1896; *La Iberia*, 23 diciembre 1896; *La Unión Católica*, 23 diciembre 1896 y *La Época*, 24 diciembre 1896.

[33] Todo parece indicar que la causa que le llevó a la muerte fue por motivos económicos. Ya que a pesar de tener varios encargos públicos, el pobre escultor tenía que adelantar el dinero de su propio bolsillo. Otras fuentes señalan que su mujer malgastaba sus finanzas.

[34] Fue discípulo en Reus de Domingo Soberano y participó en la Exposición Nacional de Bellas Artes de 1892 con un paisaje.

[35] *Diario de Reus*, 17 agosto 1899; *El imparcial*, 20 agosto 1899 y *Lo Somatent*, 20 agosto 1899.

18 de julio de 1900 todo se precipitó, madre e hijo decidieron poner fin a sus vidas infringiéndose mutuamente varias cuchilladas en el pecho. Finalmente no consiguieron su propósito, pero quedaron gravemente malheridos.[36]El pintor argumentó que había decidido quitarse la vida porque no había saludado a sus majestades de España cuando paseaban por Madrid en camino hacia San Sebastián. Posteriormente el 16 de marzo de 1901, estando internado en la enfermería de la cárcel Modelo, el pintor se suicidó ahorcándose formando un nudo con la sábana de su cama.[37]

De misterioso puede catalogarse el suceso que protagonizó el pintor madrileño Pedro González, que se alojó una noche de abril de 1904 en un hotel de la rue Traversière de París. A la mañana siguiente apareció su cuerpo inerte, pues había inhalado monóxido de carbono de un brasero e ingerido un brebaje de adormideras. Lo sorprendente es que se halló su cadáver recubierto de flores blancas, lilas, margaritas y rosas. Un papel dejado en la mesita indicaba que "*Yo soy un misterio, vengo del misterio y regresaré al misterio*" y que "*He venido a París sin que lo supiera mi familia, ha sido el amor lo que me ha matado*" En el dedo de la mano portaba dentro de una sortija el retrato de una mujer. En su último escrito añadía que "*Los motivos del suicidio son de carácter íntimo y no los puedo revelar. Deseo que me entierren con la sortija y la fotografía que contiene*".[38]

Intrascendente puede parecer la causa que llevó a atentar contra su vida al eminente pintor Alejandrino Irureta y Artola (Tolosa, 13 mayo 1854 – San Sebastián, 27 agosto 1912). [39] Se suponía que el pintor gozaba de una estabilidad tanto profesional como económica. Dotado de una extensa formación académica, ejercía entonces de profesor subdirector de la escuela de artes y oficios de San Sebastián y se había convertido en un pintor de renombre cuyos paisajes y retratos había expuesto

---

[36] "Los dramas de la miseria. Alucinación de un artista", en *El Heraldo de Madrid*, 18 julio 1900; "El crimen de un loco" en *El siglo futuro*, 19 julio 1900 y "Los dramas de la locura" en *El Globo*, 19 julio 1900.

[37] "Causa por tentativa de suicidio" en *El Globo*, 1 marzo 1901. "El suicidio de ayer" en *La Correspondencia de España*, 17 marzo 1901.

[38] "L´enigmatique Espagnol" *Le Petit Parisien*, 24 abril 1904; "Suicida misterioso" *El Imparcial*, 25 abril 1904; "Suicidio misterioso en París", *La Época*, 25 abril 1904; "Returned to mystery", *Evening Telegraph*, 26 abril 1904 (El personaje afirmó en el hotel que se llamaba Pedro González, tener unos treinta años y ser un pintor español).

[39] Montserrat FORNELLS. *El pintor Pedro Alejandrino Irureta Artola (1851-1912)*. San Sebastián: Kutxa, 2001

repetidamente en las Exposiciones Nacionales. Pero un hecho puntual trastocó su equilibrio emocional. El comité de sabios del Salón de Paris rechazó exponer el cuadro que les había enviado. El pintor fue incapaz de digerir tal injusta decisión y adoptó- los días previos a su desgracia- una actitud taciturna y semi perturbada. El 27 de agosto de 1912 apareció su cadáver en el patio interior de la casa en cuyo quinto piso albergaba su estudio. Todo parece indicar que el artista no se había lanzado al vacío pues su cuerpo no presentaba señales violentas y se especuló que su muerte se produjo por envenenamiento. El cadáver contenía dos cartas dirigidas al juez y a su familia donde expresaba las últimas contrariedades sufridas[40].

Parecía que el prolífico pintor y escultor José Llaneces (Madrid, 1863 – Madrid, 10 diciembre 1919) lo había alcanzado todo en su vida. Sus inusitadas dotes virtuosas le habían permitido desarrollar todo tipo de asuntos de género que complacían fácilmente a los coleccionistas. Su aspecto saludable y de carácter abierto no hacía presagiar nada extraño. Sin embargo, en los últimos años de su vida, su alma se quedó sin fuelle y le sembraron las dudas y las angustias. Quizás ahora sus pinturas de mosqueteros y casacones, desubicadas en el tiempo, se acabaron convirtiendo para el en algo vacío y rutinario que desembocó en que perdiera su impulso vital.[41]_ Finalmente, el 10 de diciembre de 1919 el pintor puso fin a su vida, disparándose un tiro en la cabeza en su estudio de la calle Lista de Madrid. Según dijeron, fue provocado por un ataque de enajenación mental[42].

Un pintor que falleció con apenas veintén años fue la joven promesa Antoni Bulbena i Masferrer (Barcelona, 1901- Soller, Mallorca, 29 agosto 1922) que dominaba con gran maestría las diversas técnicas de las artes decorativas. Su cadáver fue encontrado en las aguas de Soller en Mallorca[43].

El pintor francés Jules Migonney (Bourg en Bresse, 22 febrero 1876 - París, 5 julio 1929) que residió una temporada en Madrid donde realizó la copia del *Infante Baltasar* de Velázquez. Aquejado por las

---

[40] *La Correspondencia de España*, 28 agosto 1912 y *El Eco de Navarra*, 28 agosto 1912.

[41] Alberto INSUA "La obra de Llaneces" en *La Correspondencia de España*, 17 marzo 1920

[42] "Suicidio del pintor Llaneces" en *El Adelanto*, 11 diciembre 1919.

[43] Joaquim RENART "N´antoni Bulbena i Maferrer" *D´Aci D´Allá*, 1922 y *La Veu de Catalunya*, 30 septiembre 1922.

enfermedades, acabaría suicidándose en Algeria. Dejó una nota escrita que decía: "He sacrificado todo por el arte, me mata".

Un suicidio lleno de misterio fue el que protagonizó Sonia Araquistaín (1922 – Londres, 5, septiembre 1945) que era hija del embajador de dicha capital inglesa. Inmersa en lecturas sobre el psicoanálisis y fenómenos paranormales, su mente de saludo melancólica acabó perdiendo la noción de la realidad. Se lanzó desnuda al vacío desde un séptimo piso de un edificio londinense. Algunos testigos dijeron que pretendía volar[44].

Con bastante posterioridad, el pintor surrealista Oscar Domínguez se suicidó en París la Nochevieja de 1957, completamente borracho, abriéndose las venas en el baño de una fiesta que brindaba su amiga, la Vizcondesa de Noailles. Sus restos descansan en el "Panteón de los Noailles" del cementerio de Montparnasse, junto a otros artistas.

A la presente relación, todavía incompleta, habría que sumarle otros artistas como el pintor Ricardo López Requeni que se suicidó en 1869 en Játiva, el Portorriqueño Charles Walker Lind que se quitó la vida en Paris en 1880, el guatemalteco Rafael Rodríguez Padilla que se suicidó por motivos políticos el 24 de enero de 1929, la prometedora escultora Marga Gil de Roesset que hizo lo propio en 1932 a los 39 años de edad, Federico Carlos de Madrazo "Coco de Madrazo" que se suicidó en Paris en 1934, y finalmente a uno de los más célebres, a Carles Casagemas, el célebre compañero de Picasso, que acabó con su vida disparándose un tiro en Paris en 1901.[45]

Y desgraciadamente, recordemos que esta lista se queda corta, ya que debido a prejuicios morales de la época, muchas veces los familiares acallaban la causa del fallecimiento del difunto por considerarla innoble.

---

[44] "Woman Artist´s Death" *Nottingham Evening Post*, 7 septiembre 1945 y "Sonia Araquistaín se mata, arrojándose desde un séptimo piso" *ABC*, 6 septiembre 1945

[45] Eduard VALLÉS. *Carles Casagemas. El artista bajo el mito*. Museu Nacional d´Art de Catalunya. Barcelona, 2014.

Suicidios fallidos

El célebre retratista Antonio María Esquivel, aquejado de una profunda ceguera, intentó en noviembre de 1839 por dos veces seguidas poner fin a su vida arrojándose al rio Guadalquivir [46] Afortunadamente, fue rescatado a tiempo y con posterioridad se recuperó de su incapacidad visual gracias a una exitosa intervención quirúrgica.

Más de cincuenta años después, su hijo, el pintor y escultor Vicente Esquivel y Rivas (Sevilla, 1833? – Madrid, 1900)[47], intentó de nuevo tal fatal decisión. Vicente Esquivel fue quizás el más discreto de esta famosa saga de artistas, pues según decían sus amigos próximos *"estaba falto de ambición y de carácter"*. Gracias a tener también parentesco con el pintor Vicente Palmaroli, recibió gran ayuda de este gran y generoso artista [48] Desde 1890 padecía una enfermedad crónica que le venía asediando constantemente su salud por lo que estaba sometido constantemente a prescripciones médicas. Seis años más tarde, intentó suicidarse el 5 de agosto de 1896 en su domicilio de la calle del Tutor, administrándose una abundante dosis de medicinas [49]. Quedó en estado de suma gravedad, temiendo por su vida.

Otro hijo de un pintor, en concreto del escenógrafo José María Dardalla (1821-1868)[50] fracasó en su locuaz intento cuando, ante el paso del tren, se lanzó a la vía férrea del norte en 1876, pues logró recuperarse de las heridas.[51]

El pintor Ángel Lizcano y Monedero[52] (Alcázar de San Juan, 24 de noviembre de 1846 - Leganés, Madrid, 31 de julio de 1929), afectado ya

---

[46] *Diario Constitucional de Palma*, 24 noviembre 1839

[47] Se dedicó principalmente a la enseñanza artística en las escuelas de Bellas Artes de Cádiz, Sevilla y en la de Artes y Oficios de Madrid.

[48] Vicente Esquivel estaba casado con Rosa Reboulet que era la hermana de la esposa de Vicente Palmaroli, doña Sofía Reboulet. Eran cuñados.

[49] El pintor la tomaba diariamente en dosis de 6 gramos pero ese día se administró 65 gramos. *La Correspondencia de España*, 6 agosto 1896. "Intento de suicidio" en *El Liberal*, 6 agosto 1896.

[50] Pintor escenógrafo y mamarrachista, hijo del famoso actor y director de teatro sevillano José María Dardalla (1821- 1868) que fue director del teatro Novedades de Madrid y padre de la actriz Cándida Dardalla. José María trabajó como escenógrafo y llegó a colaborar con Jorge Bussato y Luis Muriel.

[51] *La correspondencia de España*, 14 agosto 1876

[52] Bernardino de PANTORBA "Ángel Lizcano" en *Gaceta de Bellas Artes*.

por desequilibrios mentales[53], se disparó un tiro con una pistola de dos cañones en la cabeza a la una y media del día 28 de diciembre de 1889. Fue conducido en estado de suma gravedad al hospital provincial donde consiguieron extraerle el proyectil y pudo salvar su vida milagrosamente.[54]

El desconocido pintor catalán Fermín Bragulat [55] , cuando residía en París a finales del siglo XIX sufrió numerosas penurias y adversidades que le llevaron al borde del suicidio. Llegado a tal punto y fruto de su desesperación, pidió protección a la reina Isabel II. La exiliada regente asintió y le dispensó ayudas en diversas ocasiones[56] por lo que el artista pudo recuperar la estabilidad perdida.

El joven pintor Ignacio Gasset y Saura (Barcelona, 1874) fue contratado, por disponer de buenas referencias[57], por el fotógrafo Audouard para que trabajara como retocador de retratos en sus magníficas dependencias artísticas de la barcelonesa calle de Cortes. Sin embargo, el artista resultó ser de un carácter arrogante y nervioso por lo que tomaron la decisión de despedirlo. Enterado de los hechos, el 6 de julio de 1901, Ignacio Gasset se abalanzó sobre el jefe de taller Gregorio Armengol propinándole ocho cuchilladas. Acto seguido se auto infligió una cuchillada en el pulmón izquierdo quedando en estado de suma gravedad[58] . Don Gregorio Armengol pudo recuperarse posteriormente de sus heridas.

Enrique ARIAS ANGLÉS "Aportaciones a la vida y a la obra de Ángel Lizcano" en *Archivo Español de Arte*. 1981.

[53] En 1899 acabó en la miseria viviendo en la calle, situación de la que pudo ser rescatado por el apoyo de sus amigos. Padeció al final de su vida nuevos trastornos de locura que obligaron a ingresarle en el manicomio de Santa Isabel de Leganés, donde falleció.

[54] *El Día*, 28 diciembre 1889 y *La época, La Iberia y La Monarquía* 29 diciembre 1889.

[55] Tan sólo conocemos datos de este artista por el escritor Benigno Varela que se lo encontró en las calles de Paris en 1904.

[56] Benigno VARELA "Los artistas y la reina" en *La Opinión*, 16 abril 1904

[57] Posiblemente fuera hijo del empresario de teatros Miguel Gasset Bosch y de Dolores Saura.

[58] *La Vanguardia*, 7 julio 1901; *La Dinastía*, 7 julio 1901; *El País*, 7 julio 1901; *La Región*, 9 julio 1901 *y Diario de Tortosa*, 11 julio 1901.

El pintor Antonio Cabanzon Pérez, [59] discípulo de Pérez Rubio, que en 1910 se infringió un disparo en su domicilio de la calle Silva, 21 de Madrid con un revolver, pero que milagrosamente no sufrió heridas[60].

El pintor de abanicos valenciano, Juan Gómez Hernández asesinó a su esposa en 1887 pero fracasó en su posterior intento de suicidarse.[61]

---

[59] Pocos datos se saben de este pintor. Participó en la Exposición Nacional de Bellas Artes de 1884 con *Un estudio de flores*.

[60] "Los desesperados" en *ABC*, 21 julio 1910

[61] *El Liberal*, 27 octubre 1887 y *El Día*, 12 febrero 1889

Otros suicidios

Poner fin a la vida no soló afectó directamente a los artistas, si no a sus familiares y a través de sus propias experiencias vividas.

El pintor catalán Emilio Sivillá y Torres (Barcelona, Circa 1845 – 1895?) se encontraba en 1875 realizando una expedición artística en Tánger cuando apareció en sus playas un náufrago buscado por la justicia. Puesto entre barrotes, el desafortunado se suicidó. El pintor fue requerido entonces por las autoridades para que retratara al difunto para proceder a su identificación[62]

Santiago Arcos y Ugalde (Santiago de Chile, 9 de octubre de 1852 – San Sebastián, 25 de enero de 1912) era hijo de la argentina Francisca Ugalde y Montt (fallecida prematuramente en 1856) y del chileno de origen español Santiago Arcos y Arlegui (1822-1874). Su padre, que provenía de una familia de banqueros, heredó una considerable fortuna que legaría posteriormente a su hijo. Santiago Arcos y Arlegui tuvo una vida novelesca que merece una biografía aparte, metido en política, literato, y defensor de causas sociales, tuvo que viajar por numerosos países para escapar de los infortunios. Después de residir en Argentina, padre e hijo se instalan en Francia en 1864 donde su progenitor decide residir en Burdeos mientras al jovencito Santiago lo mandó estudiar en Paris donde recibiría sus primeras lecciones artísticas en el taller de León Bonnat y de Raimundo de Madrazo.   Años después la enfermedad del cáncer le asediará y decide quitarse la vida el 23 de septiembre de 1874 arrojándose al Sena desde el puente de Argenteuil de Paris.   El pintor, heredero entonces de una considerable fortuna, adquiere un lujoso edificio en la rue Nitot, 14 de Paris que convierte en su taller, cediendo el anexo del mismo a los hermanos Raimundo y Federico de Madrazo que lo convertirán en su estudio.

En 1892 se ahorcó en su domicilio madrileño[63], María Daupés Lasserre (1842-1892), madre del pintor miniaturista y restaurador de abanicos antiguos Juan de Oviedo y Daupés.

---

[62] Eusebio MARTINEZ DE VELASCO "Retrato del hombre desconocido que se suicidó en la cárcel del consulado español". *La Ilustración Española y Americana*, 30 de septiembre de 1875.

[63] *El Liberal*, 27 febrero 1892.

Ramón Simarro y Oltra, (Novetlé, Valencia, 5 de junio 1822 – Játiva, Valencia 7 de mayo de 1855) Cuando se encontraba en Roma, varios apoderados de Játiva, abrieron una subscripción popular y le comisionaron que realizará los retratos de los Papas setabenses Calixto III y Alejandro IV. Retornó a Játiva con el objeto de terminar las pinturas, pero las dejaría finalmente sin concluir pues acusó la tuberculosis que padecía y falleció prematuramente a los treinta tres años de edad el 7 de mayo de 1855. Su viuda, al no poder soportar tan terrible desgracia se precipitó desde el tercer piso de su casa con su hijo en brazos, falleciendo al día siguiente. Milagrosamente el hijo pudo sobrevivir.[64]

En 1903, la criada del pintor gaditano Bernabé Carballo y Segura apareció ahorcada en el hueco de la escalera de su vivienda de Madrid.[65]

---

[64] "Suicidio" en *La España*, 23 de mayo 1855.
[65] "Una criada muerta" en *El Día*, 5 mayo 1903 y "Suicidio extraño" en *El Imparcial*, 5 mayo 1903.

2. PINTORES QUE FALLECIERON PREMATURAMENTE

La muerte, la terrible muerte, seccionó sin miramientos la trayectoria de numerosos artistas que en plena flor de la juventud aspiraban a alcanzar la tan escurridiza gloria. Ello nos ha privado de admirar la plenitud de su creación. Nos queda tan sólo saborear sus primeros pasos, sus primeras inquietudes y elucubrar tan sólo sobre su posible devenir. Son carreras truncadas que siempre nos dejaran un mal sabor de boca sobre una vida que se apagó antes del amanecer.

Uno de los jóvenes pintores en los que mayores esperanzas se tenían depositadas era el gaditano José Utrera y Cadenas (Cádiz, 26 diciembre 1827 – Jerez, 8 mayo 1848) que en 1847 alcanzó grandes elogios por parte de Pedro de Madrazo por su cuadro histórico Alonso de Guzmán el Bueno cuando lo presentó en la Exposición del Museo Nacional de Madrid y que fue adquirido por su majestad la reina. Pero al poco tiempo, debido a la terrible peste y a una sobrecarga excesiva de trabajo, falleció en Jerez a los veinte años de edad.[1]

---

[1] Basilio Sebastián CASTELLANOS. Bellas Artes en *El Eco del Comercio*, 21 de octubre 1847; Pedro de MADRAZO Exposición de pinturas de 1847 en *Semanario Pintoresco Español*, 7 noviembre 1847; José RIQUELME SÁNCHEZ, "La figura de Guzmán El Bueno en la pintura Española". *Almoraima: revista de estudios campo gibraltareños*, 1992; "Doña Ana Urrutia de Urmeneta" en *Semanario Pintoresco Español*, 25 enero 1852 y "D. José de Utrera y Cadenas" en *Semanario Pintoresco Español*, 10 junio 1849.

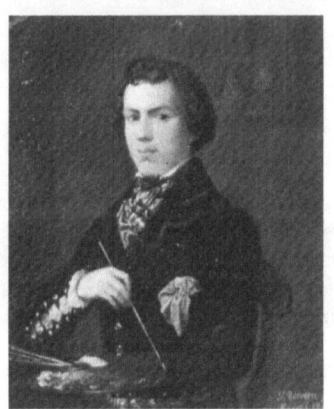

El pintor José Utrera (1827-1848)

Manuel Benso y Comas (Valencia, 1847 – Madrid, 17 agosto 1875) que realizó en Madrid numerosos retratos de la aristocracia española como los del Marqués de Heredia y el Duque de Rivas. En 1871 le fue concedida la Cruz de Caballero de la Orden de Carlos III y fue pensionado en Roma por un aristócrata español.[2]

Leoncio Talavera (Málaga, 20 diciembre 1851 –Málaga 18 diciembre 1878) que fue discípulo de Bernardo Ferrándiz, se había dado a conocer en 1871 con un cuadro que expuso en la librería del señor Moya en Málaga y obtuvo una medalla de oro en la Exposición de Bellas Artes de Granada de 1876. Padeció una tuberculosis cuando estaba pensionado en París y regresó para morir en su Málaga natal. Fue enterrado el día 22 de diciembre de 1878, asistiendo al entierro todos los profesores y alumnos de la escuela de Bellas Artes. Tuvo como discípulo al pintor Juan Bautista de Guzmán.[3]

Al joven y poco estudiado pintor Josep Pagés Ortiz (Girona, 1872 - Buenos Aires, 1902) tenía todos los augurios para desarrollar una prometedora carrera artística. Tras ser pensionado en Roma por la diputación de Girona y regresar a España, se embarcó repentinamente hacia las Américas donde inició una expedición aventurera a pie y a caballo junto al explorador francés Eugene Robuchon. Sus huellas se pierden en Uruguay y luego en Argentina donde falleció.[4]

Muertes tempranas

Una de las muertes más precoces fue la del joven Santiago Senarega (Málaga, Circa 1845 – Málaga, 1862) que ni tan siquiera pudo finalizar sus estudios, a pesar de haber sido premiado en 1861 en la disciplina de Clase de Antiguo en la Academia de Bellas Artes de Málaga. Como

---

[2] *La correspondencia de España*, 13 febrero 1871 y 17 agosto 1875; *Diario de Madrid*, 16 septiembre 1875; *Iberia*, 15 junio 1872; Vicente BOIX. *Noticias de los artistas valencianos del siglo XIX*. Valencia, 1877.

[3] *Revista de Andalucía*, 1 enero 1877; *El Globo*, Málaga 26 junio 1876; La *Correspondencia de España*, 15 septiembre 1871; Nicolás MUÑOZ CERISSOLA "Leoncio Talavera y la Escuela pictórica malagueña" en *La Ilustración Española y Americana*, 15 octubre 1879.

[4] *Diario de Gerona*, 19 abril 1890; *Comptes rendus des séances de la Société de géographie et de la Commission Centrale.Société de géographie*, Paris, 1896.; Julio PIFERRER "José Pagés Ortiz" en *L'Autonomiste*, 1 abril 1902; Eugene ROBUCHON *En el Putumayo y sus afluentes*. Lima, 1907; Joan SALA I PLANA "Melcior Domenge i una pensió de pintura polémica". *Revista de Girona*, 1996; Joan VINYAS "Josep Pagés Ortiz" en *L'Autonomiste*, 15 diciembre 1931 .

homenaje póstumo se expusieron sus obras en la exposición de Bellas Artes de Málaga de 1862.[5]

El pintor vallisoletano Sinforiano Fernández de Santos (Valladolid, 1858 – Valladolid, 1876) realizó sus estudios en la Academia de Bellas Artes de Valladolid obteniendo un accésit en 1875 pero vio truncada su corta carrera al fallecer el 21 de julio del año siguiente con tan solo 18 años de edad. Había pintado el cuadro La cuadra subterránea para la Academia de Valladolid.[6]

Con tan solo dieciocho soles también dejo de existir Francisco Maffei Rosal (Madrid 1824 – Madrid, 1842) que era hermano del arquitecto Manuel y del pintor Antonio. Participó en la exposición de 1838 del Liceo Literario y Artístico con Una marina, que fue adquirida por su Majestad la reina María Cristina de Borbón. Había realizado sus estudios en la Sala de yeso de la Academia de Nobles Artes de San Fernando en el curso 1841 y 1842.

El profesor de dibujo Antonio Ameller Vilademunt (Tarragona, 1830 – Madrid 1849), era hijo del mariscal de campo Juan Bautista Ameller y de Bernarda Lucía de Vilademunt. Ejerció de profesor de Dibujo en la Escuela de Ciencias y Artes de Madrid en 1848, falleció un año después el 16 de septiembre, a la edad de 19 años.[7]

El pintor Carlos Donato (Requena, Valencia, 1853 – Barcelona, 1872) que marchó a Barcelona a perfeccionar sus estudios de pintura en el taller del escenógrafo catalán José Planella y Coromina (1804 – 1890), tuvo la desgracia de recibir dos disparos de los guardias municipales el 30 de enero de 1872, al verse involucrado de forma involuntaria en los sucesos de la triste noche de Santa Martina que tuvieron lugar en la calle Jaime I de Barcelona. A pesar de que su padre y su hermano se desplazaron expresamente desde Requena para intentar consolar al herido, falleció finalmente después treinta y ocho días de graves sufrimientos el 15 de marzo, a los 19 años de edad. El malogrado pintor gozaba de gran estima entre sus conocidos.[8]

El pintor cordobés Nicolás Saló Prieto (Córdoba 1834 – Córdoba, 1854) era hijo del pintor y fotógrafo catalán José Saló y Junquet (1810-

---

[5] *Boletín de la Sociedad Económica de Amigos del País de Málaga.* 1862. Memoria del estado de la enseñanza en la Universidad de Granada y establecimientos de instrucción pública del distrito de la misma en el curso 1860.

[6] *La Academia*, 15 abril 1877 y *La Ilustración Española y Americana*, 8 marzo 1877.

[7] Matías FERNÁNDEZ GARCIA. *Parroquia madrileña de San Sebastián: algunos personajes de su archivo.* 1995.

[8] *La Discusión*, 16 marzo 187 y *La Época*, 17 marzo 1872.

1877). Falleció a los diecinueve años de edad, un año después de ingresar en la Academia de Bellas Artes de Córdoba. La Real Academia de Córdoba conserva el Retrato de Pablo de Céspedes (1853), su única obra conocida hasta el momento.[9]

El granadino Antonio Haro, que falleció en plena adolescencia. Expuso en 1852 su notable *Autorretrato* en la Sociedad Económica de Amigos del País de Granada.[10]

Pintores desconocidos e inéditos.

Del inédito y desconocido pintor Pedro Amuedo (Madrid, circa 1840 – Madrid, 19 enero 1866) solamente sabemos que en 1864 realizó unas copias en el Museo del Prado y que contaba con un nutrido grupo de amigos con los que dialogaba sobre temas de arte. Tras padecer una larga y penosa enfermedad, falleció el 18 de enero de 1866 en Madrid.[11]

Tampoco sabíamos nada del dibujante y caricaturista gallego Antonio Cendón (Carballino, Orense, 1839 – Carballino, Orense, 9 marzo 1863) que alcanzó cierta fama cuando realizaba caricaturas políticas sobre fotografías que ponía en venta en talleres de fotografía de Madrid y que llegaron a ser muy populares. Las últimas caricaturas que hizo fueron las de Zavala, Lersundio, San Luis, el Marqués de Molins, Trueba, Flores, García Gutiérrez, Pinzón y Arderius.[12]

Otro pintor desconocido es el bilbaíno Federico Delmás (Bilbao, 1848 – Roma, noviembre 1871) que se desplazó a Italia "lleno de aspiraciones" para perfeccionar su carrera artística pero una malaria acabó con su vida, falleciendo a los veintitrés años de edad en el hospital de Santiago de Montserrat en Roma. Su herencia se reducía a una pequeña cantidad en metálico y objetos de uso personal encontrados en su habitación.[13]

Lo mismo se puede decir del pintor Josep Dam y Montells (Barcelona, circa 1860 – Barcelona, 1885) al que el poeta Francesc Casas

---

[9] José María PALENCIO CEREZO La colección de obras de Arte de la Real Academia de Córdoba. *La Ilustración Española y Americana*, 22 febrero 1878.

[10] Arsenio MORENO MENDOZA *José Elbo y la pintura romántica*. Electa, 1998.

[11] *La Época*, 20 enero 1866 y Libro registro de copistas del Museo del Prado, 14 septiembre 1864. Su hermano José Amuedo también fue pintor.

[12] *La Iberia*, 30 mayo 1863; *La España*, 22 mayo 1863; *El Clamor Público*, 24 mayo 1863.

[13] *La Época*, 24 noviembre 1871; *La Correspondencia de España*, 28 diciembre 1871.

y Amigó le dedicó la *Elegía a la mort de mon estimat amich lo jove pintor Joseph Dam y Montells,* que publicó en la *Veu de Montserrat* en 1886. Enterrado en el cementerio de Montjuich, en 1897 su familia construiría un panteón ejecutado por el arquitecto Puig y Cadafalch y el escultor Eusebi Arnau i Mascort.

Un artista del que no sabíamos nada es Arturo Ferrer Piñol (Tortosa, 1890 – Tortosa, 9 abril 1911) que mostró sus primeros trabajos en una exposición de dibujos que tuvo lugar en 1908 en los salones de *La Alhambra* de Tortosa y también un cuadro con dos retratados en el comercio de ebanistería de los hermanos Sanz. Realizó en 1909 sus estudios en la Escuela de Bellas Artes de Barcelona gracias la obtención de una beca por el ayuntamiento de Tortosa, pero falleció poco después, con veintiún años de edad, tras una penosa y larga enfermedad. Su muerte causó gran sensación en Tortosa pues tenían depositadas en él grandes esperanzas.[14]

Otro pintor lleno de incógnitas sobre su vida es Verísimo Vázquez (Vigo, Circa 1858 – Vigo, mayo 1883) que se dio a conocer en la Exposición de Pontevedra de 1880, en 1881 ilustra con caricaturas el periódico humorístico vigués *Pero-Grullo* y el año siguiente muestra el cuadro gallego *Si cho supero o abade.* En 1883 participó en la Exposición Artística del Salón del periódico *EL Globo* con tres cuadros, destacando un boceto de costumbres gallegas titulado *La espadilla.* Sus obras más características y que aparecen con más frecuencia en el mercado son las series de cuadros de tipos madrileños titulada *Tipos de Madrid* y *Vendedoras de Madrid.*[15]

El poco conocido Felipe Ángel Richi Molero (Madrid, 1875 – Madrid, 5 junio 1904) fue dibujante, abogado y actor aficionado. En 1896 fue nombrado tesorero de la sociedad *Juventud Artística Española* y en 1897 cursó sus estudios en la Escuela Especial de pintura, Escultura y Grabado de Madrid obteniendo una medalla en 1897. Ocasionalmente actuaba como actor aficionado, como en 1903 en una función de la aristocrática colonia veraniega de La Granja, donde efectuó unos dibujos en unas tarjetas junto al artista Raimundo Llorens. Falleció a los veintinueve años de edad, asistiendo a su entierro el duque de Bivona, los marqueses de Arenal, Campollano, Miravalles.[16]

Un pintor cuya memoria se recuperó en 1987 fue la del artista Guillem Comalat i Joana (Figueras 1880 - 1906) que se formó en la

---

[14] "Arturo Ferrer Piñol" en *El Restaurador,* 10 abril 1911; "Arturo Ferrer" en *El Tiempo,* 10 abril 1911; "Arturo Ferrer" en *La Libertad,* 13 abril 1911 y *El Restaurador,* 9 septiembre 1908.

[15] "Nuestro Salón. Verísimo Vázquez" en *El Globo,* 8 diciembre 1883 y *El Globo,* 30 mayo 1883.

[16] *La Correspondencia de España,* 12 junio 1904 y *Diario de Madrid,* 17 julio 1904.

Escuela Municipal de Belles Arts de Figueres y en la Academia de Barcelona donde tuvo como compañero a Auguste Henault Bassols, otro pintor que también falleció prematuramente.[17]

Fallecieron en el extranjero

El cubano José Arburu Morell (La Habana, Cuba 1864 – París, 14 agosto 1889) que después de cursar sus estudios en su país natal, se trasladó a España pensionado por la Sociedad Económica del País de la Habana. Discípulo del pintor Manuel Domínguez, decoró el Palacio de Linares (entonces denominado Palacio de Murga) y obtuvo un tercer premio en el certamen artístico de *La Ilustración Española y Americana* de 1889 por la obra La primera misa en América, que fue la primera y única pintura de historia que realizó el artista y ampliamente publicada en varias publicaciones de la época. Antes de regresar a Cuba, el joven Arburu, a pesar de estar enfermo, quiso desplazarse a Paris para visitar la Exposición Universal, pero las fiebres tifoideas se apoderaron de él y falleció tras veinte días de agonía a los veinticuatro años de edad. Su último deseo era regresar a Cuba para cuidar de su anciano padre.[18]

Otro pintor que falleció en París fue Eduardo Camacho y Gallego (Cádiz, 1841 – París, agosto 1866) que realizó sus estudios en la Academia de Bellas Artes de Cádiz, luego viaja a Sevilla donde prosigue su aprendizaje con el pintor Eduardo Cano y más tarde acude a la Academia de Bellas Artes de San Fernando. En Madrid efectúa diversas copias de Velázquez, Rubens y Ticiano en el museo de pinturas y al igual que su hermano Antonio, realiza oposiciones para integrase como funcionario de hacienda en el exterior. Seguramente su marcha a Paris en 1864 viene condicionada por su nuevo empleo ya que en 1865 consta que se le promocionó a oficial de tercera clase de la comisión de hacienda de España en el extranjero. En la capital francesa acude al taller de Alexandre Cabanel y ejecuta diversos retratos y cuadros de la mitología. Su vida fue corta, pues falleció a los veinticinco años de edad en agosto de 1866 en Paris.[19]

También en la capital francesa falleció el pintor Sabino García (Bilbao, 1834 – París, 21 de julio 1863) que viajó a París hacia 1858, realizando su aprendizaje en el taller del pintor Arthur Henry Roberts y

---

[17] Montserrat VAYREDA i TRULLOL *Guillem Comalat 1880-1906*. Museu de L'Empordá. Figueres. 1987; Alicia VIÑAS i PALOMER. *Pintors i escultors de l'Alt Empordá 1839-1959*. Figueres 2010; Mariona SEGURANYES BOLAÑOS *La mirada persistent. Història de la pintura a Figueres. 1892.1960*. Figueres 2013.

[18] *La Ilustración Española y Americana*, 8 diciembre 1889 y *El Día*, 1 mayo 1888

[19] *La Época*, 18 septiembre 1865.

en 1859 en l'Ecole Imperiale et Spéciale des Beaux Arts. Después de exponer en el Salon de 1863 su cuadro *La Toilette*, murió pobre y de tuberculosis en un hospital de París el 21 de julio de 1863. Al entierro, que se celebró el día siguiente, acudieron los pintores españoles residentes en la capital.[20]

El enigmático pintor Simón Escobedo y Bosch (Barcelona, 1840-44? – Santiago de Cuba, 1869) que obtuvo una mención honorifica en la Exposición Nacional de 1864 y en 1866 por su cuadro Los celos fue adquirido por la Junta de gobierno. Caído en el olvido, en 1928 Josep Dalmau y Carles Capdevila reivindicaron la obre del pintor. Un año antes se había expuesto en la sala Dalmau el cuadro titulado "La agonía".[21]

Familiares de pintores

De una gran saga de artistas era el pintor e ilustrador Narcís Martí Cabot, hijo del pintor Ricard Martí Aguiló y nieto del gran paisajista Ramón Martí Alsina. Falleció en Barcelona a los veinticinco años de edad.[22]

También perteneciente a una familia de pintores fue Rafael García "Hispaleto" (Sevilla, 1832 – París, 1854) que pensionado por José de Salamanca se trasladó a París a proseguir sus estudios, pero falleció por el cólera en marzo de 1854, a los veintidós años de edad, viendo así truncada su carrera artística.[23]

Hermano del pintor Pedro de la Vega y del escultor Antonio de la Vega era Francisco de la Vega y Muñoz (Sevilla, 1840 – Sevilla, 1868) que realizó sus estudios en Sevilla. Obtuvo en 1864 una mención honorifica por el cuadro *La crucifixión de los mártires del Japón en el calvario de Nagasaki* y tuvo como discípulo a Gonzalo Bilbao.[24]

Tomás Sancha Lengo (Málaga, 7 enero 1881 – Madrid, 12 mayo 1905) hermano del célebre caricaturista Francisco Sancha Lengo y

---

[20] *La Iberia*, 23 julio 1863

[21] Francesc FONTBONA y Victoria DURÁ *Catàleg del Museu de la Reial Acadèmia Catalana de Belles Arts de Sant Jordi*. Barcelona 1999. Existe un estudio sobre el pintor realizado por el crítico Casellas.

[22] *La Vanguardia*, 27 julio 1911; *La Ilustració Catalana*, diciembre 1914 y *La Vanguardia*, 2 y 21 diciembre 1914.

[23] "Pintor notable" en *La España*, 7 octubre 1852; *El Heraldo*, 9 marzo 1853; *La Época*, 5 septiembre 1854; *Iberia*, 6 septiembre 1854 y María Jesús GARCÍA DE OTEYZA FERNÁNDEZ -CID *Los pintores sevillanos Rafael y Manuel García Hispaleto*. Sevilla, 2010.

[24] *La Revista de Bellas Artes y Arqueología*, 5 mayo 1867 y *La Academia* 6 mayo 1877.

sobrino del pintor Horacio Lengo, falleció en Madrid a los veinticuatro años de edad.

Antoni Bulbuena i Masferrer (Barcelona, 1901 – Soller, Mallorca, 29 agosto 1922) hermano del pintor escenógrafo César Bulbena y del esmaltista Romá Bulbena, que falleció a los veintiún años de edad, a causa de un suicidio.[25]

Trágicos fueron los finales de los hermanos barceloneses Augusto y Alejandro Henault Bassols que fallecieron ambos en combate en 1914, poco después de alistarse como voluntarios en el ejército francés para la primera gran guerra.

Mujeres pintoras

Natalia Argumosa y Adán. (Madrid, 1826 - Falleció en o antes de 1844) Escultora y grabadora activa en Madrid en la primera mitad del siglo XIX. Era hija del célebre médico cántabro Diego Manuel de Argumosa y Obregón (1792-1865) y de Micaela Adán, que era hija del escultor Juan Adán Morlán (1741-1816). Tuvo como hermanos a Diego (falleció con nueve años de edad) e Isabel (fallecida en 1844). En 1844 se presentaron en la exposición de la Academia de San Fernando unas copias póstumas pues la artista ya había fallecido, por lo que falleció a los dieciocho años de edad. También es de su mano una Magdalena penitente y fue discípula del grabador Pedro Ortigosa. [26]

De la barcelonesa María del Pilar Justo y Sánchez Blanco (Barcelona, 1871 – Madrid, 20 noviembre 1894) solamente conocemos Un cuadro de flores que presentó en la Exposición Nacional de Bellas Artes de 1892 pues falleció dos años después a la edad de veintitrés años.[27]

Otra pintora que también fallecía con esta edad prematura fue Josefa Grande y Olaguer Feliu (Madrid, 1861 – Madrid, 7 mayo 1885) que había participado en 1882 la exposición de acuarelas del señor Hernández en Madrid.[28]

Dolores Viana Cárdenas y Castellanos era hija del general de división y gobernador de Alicante, Salvador Viana Cárdenas (fallecido en 1912) y estuvo casada con el señor Roiz. Participó en 1899 en la Exposición Nacional de Bellas Artes con las obras Un florero y Estudio de flores, falleciendo prematuramente a los 26 años de edad en Zaragoza en 1908.[29]

---

[25] Joaquim RENART "N´Antoni Bulbena i Masferrer" D´Aci D´Allá, 1922.

[26] El Heraldo, 13 octubre 1844.

[27] La Correspondencia de España, 21 noviembre 1894.

[28] La Correspondencia de España, 9 mayo 1885.

[29] El Liberal, 5 abril 1908 y La lectura dominical, 18 abril 1908.

Hija del teniente general Antonio Falcón y Abellán era Emilia Falcón y Marín (Madrid c. 1845 - 1868) que obtuvo una Mención Honorifica en la Exposición Nacional de Bellas Artes de 1867 por un retrato de su padre. Falleció a muy temprana edad el 7 de febrero de 1868 a causa de una afección de pecho.[30]

Escultores

El escultor y pintor José Álvarez Bouquel (París, 1805- Burgos 1830) hermano del arquitecto Aníbal e hijo del famoso escultor Álvarez Cubero que murió a los veinticinco años, el escultor decorador Antonio Varela y Cabrera que ejecutó las puertas de San Francisco el Grande (Madrid, 1860 - Baños de la Isabela, 1889) y el joven pero prolífico escultor Fidel Aguilar y Marcó (Girona, 1894 - Girona 1917) que alcanzó renombre en vida pese a fallecer con 22 años de edad.

Otros notables pintores.

Con apenas veintidós años falleció el pintor alicantino Eduardo Dagnino Garrigós (Alicante, 1860 – Alicante, 22 diciembre 1882) mientras realizaba sus estudios en la Academia de Bellas Artes de San Fernando, pensionado por la diputación de Alicante. La desgracia se había cebado en su familia, pues dos años antes falleció su hermano Federico a los veintiún años.[31]

El paisajista madrileño José Alea y Rodríguez (1876-1900) que falleció a los 25 años de edad mientras intentaba reponerse de su enfermedad en Alicante y no pudo viajar a Roma, a pesar de haber conseguido una preciada plaza de pensionado. Plaza que seria ocupada por Poy Dalmau.[32]

Muy sentida fue la muerte del joven pintor Manolo Harmsen y Bassecourt (Alicante, 1872 – Alicante, 27 junio 1894), hijo único de los barones de Mayals, que falleció a los veintidós años de edad, pues su madre murió de pena tres meses después y se le publicó un libro en su honor titulado Homenaje de cariño a Manolo Harmsen con prosas y versos de Álvarez Sereiz, Calvo, Loma Corradi y Montero. El joven pintor acababa de presentar el cuadro Coloretes en la exposición de Bellas Artes de Alicante pero no llegó a tener conocimiento que fue digno de premio pues ya había fallecido.[33]

---

[30] *La Guirnalda*, 16 marzo 1867 - *La Iberia*, 11 febrero 1868.

[31] *El Constitucional*, 1 noviembre 1877; El Graduador, 2 marzo 1882 y *El Graduador*, 23 diciembre 1882.

[32] *El Liberal*, 20 junio 1894; *El heraldo de Madrid*, 4 agosto 1899; *El Graduador*, 30 diciembre 1900; *El Imparcial*, 28 diciembre 1900 y "Las plazas de Roma. La pensión de Paisaje" en *La Revista Moderna*, 18 agosto1899.

El interesante pintor Jacinto Barlés (Barcelona, 1865 – Barcelona, enero, 1888) era hijo del comerciante Jacinto Barlés que regentaba una estampería en la calle Ancha barcelonesa. Desde niño fue discípulo de Simón Gómez, marchándose a Paris con tan solo catorce años de edad para estudiar en su Escuela de Bellas Artes , consiguiendo primeros premios en 1880 y 1881. En el Salón de París de 1880 su cuadro Salomé recibió elogios de la prensa y en 1883 el museo de Perpiñán le adquirió los cuadros El amor de la noche y las Estrellas. Falleció a los veintitrés años de edad.[34]

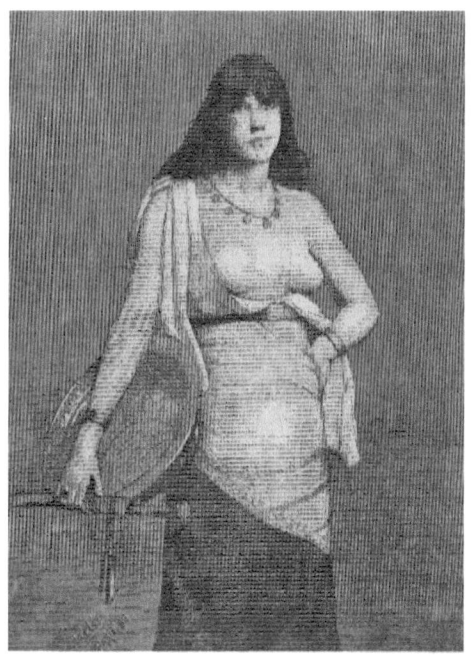

Jacinto Barlés, *Salomé*, 1883

---

[33] "Homenaje de cariño a Manolo Harmsen" en *Revista Contemporánea*, 30 noviembre 1894.

[34] *La Ilustració Catalana*, 23 junio 1883. *La Dinastía*, 30 octubre 1888.

El notable pintor y grabador Ricardo Montes González (Oviedo, 1890 – Oviedo 1913) que se formó en Londres donde obtuvo notables éxitos   Fallecería en el verano de 1913 en Oviedo a causa de una pulmonía.[35]

El joven artista Rafael Bueno Pardo (Granada circa 1865 – Granada, 1889) fue un pintor con escasos medios económicos que tuvo que dedicarse a pintar cuadritos comerciales para sobrevivir. Se formó asistiendo a las clases de Modelo del Centro Artístico de Granada.[36]

Leandro Merino y Sánchez (Congostrina, Guadalajara, Circa 1860 – Madrid, agosto 1885) era hijo del cirujano Blas Merino y Merino (Fallecido el 7 abril de 1898) y de Petra Sánchez Pardillos (1821 -1897) siendo su hermano Ruperto un reconocido doctor.   Pensionado por la diputación de Guadalajara en 1885, fallecería inmediatamente después en el mes de agosto.[37]

Josep Domenech Samaranch (Sabadell 1874 – Barcelona 1901) que participó en las exposiciones barcelonesas de 1896 y 1898, murió a los veintisiete años.

José Alonso del Rivero (Oviedo, 1782 – Madrid, 1812?) que se formó en la Academia de Bellas Artes de San Fernando donde recibió numerosos premios.[38]

El riojano Esteban Blasco y Fernández (Brieva de Cameros, 1859, Madrid, 13 junio 1881) falleció a los veintitrés años de edad que participó en las exposiciones del Círculo de Bellas Artes y en las Nacionales de Madrid.[39]

El pintor leonés Manuel Fernández Peña que expuso en 1921 en las galerías Dalmau de Barcelona y en 1923 en el Salón de Arte Moderno de Madrid. Afincado en Palma, falleció en Mallorca teniendo unos 26 años de edad.[40]

Carlos Gironi y Cabra (Madrid, 1845 – Madrid, 15 noviembre 1866) que inició sus estudios a los quince años de edad en la Academia de San Fernando

---

[35] Javier BARÓN *La corta vida y extensa obra de Ricardo Montes*. Conferencia. Luis MONTES y Francisco CRABIFFOSSE *Ricardo Montes*. Museo de Bellas Artes de Asturias. 2005.

[36] *La Alhambra*, 10 octubre 1884. *Boletín del centro artístico de Granada*, 16 febrero 1889.

[37] *Boletín oficial de la provincia de Guadalajara*, 14 noviembre 1884 y 23 septiembre 1885; *Flores y Abejas*, 7 marzo 1897.

[38] Algunas fuentes indican que falleció en 1810 pero el pintor sigue inscrito en la Academia de San Fernando durante el curso 1811/1812.

[39] http://www.brieva.org/Personajes-Ilustres.1184.0.html Ayuntamiento de Brieva de Cameros.

[40] *La Vanguardia*, 8 diciembre 1926;   Francisco ALCANTARA "Los paisajes mallorquines de Manuel Fernández Peña en el Salón Arte Moderno" en *El Sol*, 28 marzo 1923.

obteniendo varias recompensas y participó en las Exposiciones Nacionales de 1862 y 1864. Falleció a los veintiún años de edad. Era hermano del desconocido profesor de la escuela de artes y oficios Gabriel Gironí.

Alfredo Aguado Álvarez (Avilés, 1905 – Oviedo, 1930) que tuvo una vida enfermiza y llena de penalidades al perder varios miembros de su familia. Expuso en los salones de Otoño de 1923 y 1925.[41]

Enrique López y Martínez (Madrid 1853 – Madrid, 5 diciembre 1875) que falleció a los veintidós años de edad. Estudió en la Escuela Especial de Pintura de Madrid y fue discípulo de Francisco Domingo. Cuando murió se pusieron a la venta sus cuadros y estudios del natural en el comercio de "Preciado y Martin" de Madrid en diciembre de 1875.[42]

Lluis Perich i Solá (Barcelona, 7 enero 1878 – Barcelona, 5 septiembre 1903) que residió en Girona y realizó sus estudios en Barcelona donde fue discípulo de Joan Brull y en la Escuela Especial de Pintura de Madrid. Obtuvo diversos premios en las exposiciones barcelonesas. Al alcanzar la mayoría de edad contrajo una fatal enfermedad que le llevaría a la muerte.[43]

El pintor valenciano Antonio Cavanna y Pastor (1815 -1840) que cursó sus estudios en la Academia de Bellas Artes de San Fernando a los quince años de edad y realizó numerosos retratos.[44]

Eduardo Gilino de la Crosa, un pintor que participó en las exposiciones nacionales de 1860 y 1862 falleció prematuramente en Gijón en julio de 1866.[45]

De Mariano Abad Navarro (Granada, Circa 1830 – 1856) fue profesor de pintura a partir de 1851 en la Academia de Bellas Artes de Granada. Persona con gran dedicación a las artes, murió prematuramente en 1856. Los pocos datos de su biografía los conocemos por el discurso realizado por el presbítero Navarro Asencio.[46]

---

[41] *Gran Enciclopedia Asturiana*, tomo 1. Silverio Cañada Editor, Gijón

[42] *La Correspondencia de España*, 31 diciembre 1875.

[43] "Notas artísticas" en *Catalunya Artística*, 27 diciembre 1900.

[44] Vicente BOIX. *Noticias de los artistas valencianos del siglo XIX.* Valencia, 1877.; Ester ALBA PAGÁN. *Antonio Cavanna y Pastor (Valencia, 1815-1840), una promesa frustrada.* Archivo de Arte Valenciano. 2003.

[45] *La Época*, 27 marzo 1867

[46] *El heraldo*, 13 junio 1854; Bausilio Sebastián CASTELLANOS DE LOSADA , José AZARA y Nicolás DE PERERA. *Álbum Azara. Corona científica, literaria, artística y política.* 1856. Boletín oficial del ministerio de Fomento. 1856; María del Mar VILLAFRANCA JIMENEZ *Los museos de Granada, génesis y evolución histórica*, 1998.

Una muerte trágica tuvo el joven Miguel Juncadella Salisachs (Barcelona, 1937 – Cavaillon, Francia, 31 de octubre 1958) que falleció con veintiún años de edad en accidente de tráfico junto a los también pintores Ramón Rogent y Jorge Richardson. Era hijo de Hijo de José María Juncadella Bures y de Mercedes Salisachs Roviralta.[47]

Josep María Llopis de Casades (Sitges, 1886 - Barcelona, 1915), pintor que en 1916 las galerías Layetanas le organizaron una exposición homenaje.[48]

El gallego Xenaro o Génaro Carrero Fernández (Noya, 30 marzo 1874 - Santiago, 30 junio 1902) que retrató a Emilia Pardo Bazán y que falleció a los veintiocho años de edad por tuberculosis.

El dibujante Enrique Campo Sobrino (Pontevedra, 21 septiembre 1890 - Pontevedra, 2 junio 1911) que falleció a los 21 años de edad. Era hermano del escultor Fernando Campo Sobrino (1886-1955).[49]

Sobre el desconocido pintor venezolano Agustín Ramírez Villarroel (Venezuela, circa 1865-1870 - Madrid, febrero 1890, he podido averiguar que cursó sus estudios en la Escuela Especial de Pintura, Escultura y Grabado de Madrid, obteniendo en 1889 un accésit en la disciplina de la teoría de las Bellas Artes. Falleció en Madrid, siendo muy joven todavía, a causa de una pulmonía que le sobrevino de forma fulminante. El entierro tuvo lugar el 16 de febrero de 1890, asistiendo todos sus condiscípulos de la Escuela Especial de Pintura de Madrid.[50]

Paulino de la Linde (Granada, 21 enero 1837 – Madrid, c. 1862) A finales de 1861 una enfermedad empezó a corroerle, anunciando en septiembre de 1862 que no podría participar en la Exposición Nacional al encontrarse gravemente enfermo. Finalmente presenta un cuadro que versa sobre un asunto sobre Carlos V y el leñador del Pardo, pero esta será la ultima noticia que tengamos sobre el pintor, por lo que presuponemos que fallecería a finales de 1862.[51]

En el capítulo de "Pintores suicidas en España" me refiero a los jóvenes Baldomero Sáenz Martínez (Logroño, 9 diciembre 1865 – Madrid, 19 noviembre

---

[47] "Trágico accidente de carretera en Francia" en *La Vanguardia*, 2 noviembre 1958; "Exposición Juncadella Salisachs" en *La Vanguardia*, 3 octubre 1959 y *La Vanguardia*, 6 noviembre 1958.

[48] "Barcelona. Galerías Layetanas- Exposición póstuma de obras de José M. Llopis"en *La Ilustración Artística*, 24 abril 1916.

[49] Ver página Web del Museo de Pontevedra.

[50] *El Imparcial*, 15 febrero, 1890, *La Correspondencia de España*; 2 julio 1889 y *El nuevo Progreso*, 17 febrero 1890.

[51] *La Correspondencia de España*, 17 septiembre 1862. *La Época*, 7 noviembre 1862.

1889), Obdulio Miralles y al pintor y poeta Hortensi Güell y Güell (Reus, 1878 - Salou, 16 agosto 1899) que fue amigo de Picasso e hijo del escritor José Güell y Mercader.

3. "EL CRIMEN DE BENDINAT", MALLORCA. EL MALOGRADO PINTOR RICARDO RAURET.

Su vida.

Del joven y malogrado pintor Ricardo Rauret y Draper (Barcelona, Circa 1874 – Mallorca, 16 noviembre 1896), nos habían llegado hasta la fecha escasas noticias. Era hijo de la madrileña Ana Draper Preciós[1] y de Federico Rauret y Suyastres, auditor general del ejército, cónsul español en El Cairo y coleccionista de antigüedades egipcias.[2] Sus padres habían contraído matrimonio en 1872.

De su actividad como pintor, sabemos que participó en 1894 en la Exposición General de Bellas Artes de Barcelona y en 1895, en la muestra que organizó el Cercle Artístic de Sant lluch en la Sala Parés, pero fue dado de baja de dicha asociación en mayo de ese mismo año por desavenencias que el mismo "expresó de forma inconveniente y pública" en la sala de arte.[3]

---

[1] Falleció en Barcelona en 1921. Su hermana Emilia estuvo casada con el teniente coronel Adolfo Freixa y Fuster.

[2] En 1897 hizo donación al Museo Episcopal de Vich de una importante colección de antigüedades egipcias incluyendo una momia. *La Dinastía*, 10 noviembre 1897. Era hijo de Camilo Rauret y Cirera, presidente del partido democrático dinástico de Cataluña.

Posiblemente este incidente de ruptura con los artistas de la Sociedad del Cercle fuera lo que le motivara para emprender una nueva vida en Mallorca donde su padre había sido destinado como auditor general en la Capitanía General, pero también donde desgraciadamente sucederían los trágicos incidentes tan solo un año después.

De su vida artística en Mallorca, tras un primer periodo de inactividad[4], podemos calificarla de exitosa, pues a pesar de su juventud y pasar ciertos apuros económicos[5], consiguió exponer sus obras con regularidad y obtener críticas esperanzadoras.

Teniendo establecido su estudio en Palma, en abril de 1896 presentó tres cuadros en el comercio de los señores Losada y Barnils, en el mes de julio un cuadro de flores en el salón de "El Heraldo", en agosto *Una cabeza de un mulato* y otra de *Un viejo en meditación* de nuevo en la tienda de Losada, y finalmente en octubre una composición de *Unos palomos* en la "Sociedad del Fomento de la Pintura y Escultura" de dicha población[6].

El crimen.

Semanas después, el 16 de noviembre de 1896 su cadáver fue encontrado por unos buscadores de setas en el bosque de Bendinat de Mallorca. Sobre su cabeza yacía una piedra de gran tamaño y otra todavía mayor sobre el corazón. Su garganta presentaba signos de haber sido degollado.

Las trágicas circunstancias y misterios de dicho crimen generaron enseguida en la prensa todo tipo de especulaciones, hipótesis y hasta encarnizadas controversias entre los periódicos sobre la autoría de los hechos y sobre el dilema si lo acontecido era un homicidio o un suicidio.

Al efectuar el registro correspondiente en el estudio del artista, un cuadro con la figura de una señorita llamó la atención de los investigadores. Se trataba

---

[3] María BARBARA MARCHI. *Cercle Artístic de Sant Lluch 1893-2009. Historia de una institució referent per a la cultura barcelonina.* Historia d´Art. Universidad de Barcelona. 2011.

[4] "Mucho nos alegramos que este apreciable artista haya salido de la inactividad en que estuvo sumido durante tanto tiempo y más aún cuando lo hace de manera tan brillante" *Heraldo de Baleares*, 11 agosto 1896.

[5] En los últimos meses residió en una fonda de la calle Piedad, en un piso de la calle Olmos y en unas habitaciones de la fonda de Europa. Tenía en alguna ocasión dificultades para pagar.

[6] *Heraldo de Baleares*, 16 abril, 24 julio, 3 de agosto y 23 octubre de 1896. También se desprende que tuvo contacto con los pintores mallorquines Antonio Ribas y Juan Fuster.

del retrato de una bella joven, que siguiendo las pesquisas, se averiguó que correspondía a una adolescente que se había fugado de su domicilio paterno con el objeto de convivir junto al pintor.

Al querer interrogar la justicia al padre de la retratada, don Julián Galán, propietario de una fábrica de cemento, resultó que estaba ausente de Palma, pues tras un periplo por Madrid y Barcelona, se había puesto ya en fuga, semanas atrás, rumbo a Buenos Aires junto a su familia.

Fue entonces cuando se supo que Julián Galán, junto al conserje de su fábrica, Miguel Jaume, habían sido los autores materiales de tan horrible crimen.

Miguel Jaume y su esposa Catalina Far, no tuvieron tanta suerte, fueron detenidos el 29 de enero de 1897 en Palma cuando estaban a punto de embarcar para Argel.

Miguel Jaume fue puesto en prisión y su esposa puesta en libertad. Respectó a Julián Galán, la justicia dictó una orden de detención por vía diplomática.

Tanto la figura del pintor Ricardo Rauret como la historia de este crimen habían quedado olvidadas en el pasado.

4. EL ASESINATO DE JACINTO ALCÁNTARA, PINTOR Y DIRECTOR DE LA ESCUELA DE CERÁMICA

Jacinto Alcántara Gómez nació en Madrid el 16 de septiembre de 1901. Era hijo del célebre crítico, pintor y fundador de la Escuela de Cerámica, don Francisco Alcántara Jurado (1854-1930). En 1926 Jacinto Alcántara sería nombrado director de dicha Escuela, ejerciendo a lo largo de su vida cargos directivos en diversas instituciones públicas, hasta que una fatídica tarde de junio de 1966 un desequilibrado acabó con su vida.

La sucesión de los hechos.

En 1928 el joven artista Jacinto Alcántara y el médico Serapio Blanco Turino se encontraban realizando una agradable excursión artística por tierras de Zamora. Fruto de su amistad, el pintor le regaló al doctor un dibujo que retrataba una aldeana de la región. Pero el hijo del médico, Juan Francisco Blanco Villoria (Hervás, Cáceres, 1921) de carácter perturbado, se obsesionó asegurando falsamente que la retratada era su madre y que estaba muy mal dibujada, por lo que tomó dicha cuestión como una grave ofensa ya que *"era un gran insulto para ella"*. Años después, asiste como alumno a la Escuela de Cerámica que dirigía Jacinto Alcántara, pero la situación en vez de mejorar, se agrava, y Juan Francisco llega a afirmar entonces que mataría a don Jacinto Alcántara.

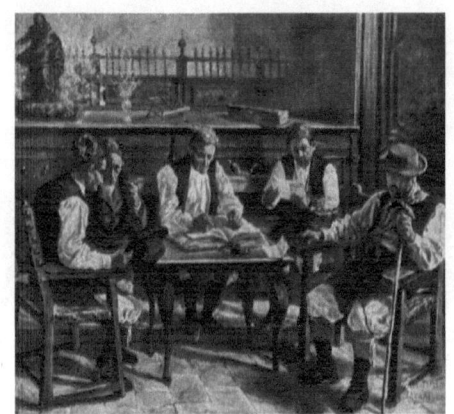

Jacinto Alcántara. *Los cofrades de Ansó.*

Posteriormente el perturbado   Juan Francisco Blanco Villoria asiste a las clases del Instituto que imparte el catedrático de Bellas Artes Miguel Kreisler Padín. Pero dicho profesor, ante la baja calidad de los ejercicios, suspende reiteradamente los exámenes de Blanco Villoria, por lo que este último jura de nuevo vengarse en un futuro, profiriendo amenazas de muerte a su profesor.

Las siguientes trágicas noticias nos llegan unos veinte años después, en 1959. Sabemos entonces que Juan Francisco Blanco Villoria es maestro nacional en el pueblo de Sarrión, en Teruel. Pero entonces ya padece fuertes episodios de manía persecutoria. El 28 de diciembre de 1959 se dirige a la calle de Alcalá y en el número 100 , cumple su promesa y asesta dos puñaladas mortales a su antiguo profesor Miguel Kreisler Padín que ingresa ya cadáver al Equipo quirúrgico.

Juan Francisco Blanco Villoria es dictaminado como loco e internado en el manicomio de Ciempozuelos. Pero el encierro no es eterno. En la madrugada del 5 de junio de 1966, Juan Francisco se fuga del frenopático y planifica su nueva agresión.

Dos días después se presenta armado con un cuchillo en el domicilio de Jacinto Alcántara, en la madrileña calle del Pintor Rosales. Todo sucedió muy rápido, tras llamar a la puerta, asestó varias puñaladas a su antiguo profesor, poniendo así fin a sus días.

En 1966 el Ayuntamiento de Madrid editó el libro *Jacinto Alcántara Gómez: Homenaje del primer excelentísimo ayuntamiento de Madrid en el primer aniversario de su muerte.*

Bibliografía:

Jacinto ALCÁNTARA La Cerámica, arte de porvenir. La Crónica Meridional, 26 mayo 1929

Valentín F. de CUEVAS. "El porvenir de la cerámica española. Interesante charla con Jacinto Alcántara". *La Correspondencia de Valencia*, 20 febrero 1930

"Asesinato en una calle madrileña" *ABC Andalucía*, 29 diciembre 1959

Francisco CASARES "Madrid, de domingo a domingo. El bárbaro crimen". *Hoja Oficial del lunes*, 13 junio 1966

Manuel POMBO ANGULO "Jacinto Alcántara" *La Vanguardia*, 8 junio 1966

"Sangriento suceso en Madrid" *La Vanguardia*, 7 junio 1966

"Don Jacinto Alcántara asesinado", *ABC Andalucía*, 7 junio 1966

"Don Jacinto Alcántara y el padre del asesino eran grandes amigos". *ABC*, 8 junio 1966

"La Escuela de Cerámica", *La Esfera*, 19 julio 1924

.

5. JUAN LUNA Y NOVICIO O "EL CRIMEN DE VILLA DUPONT". PARIS, RUE PERGOLESE.

El gran pintor filipino Juan Luna y Novicio se casó el 8 de diciembre de 1886 en París con la también filipina María de la Paz Pardo de Tavera y Gorricho, que era hija del que fue consejero de Administración de Manila, don Félix Pardo de Tavera y de Juliana Gorricho de los Santos, procedentes de nobles y opulentas familias.

María de la Paz, de gran porte y belleza, había conocido a Juan Luna en Paris[1] por mediación del pintor filipino Félix Resurrección Hidalgo y Padilla (1855 - 1913). Desde el principio, su madre se había opuesto a la boda por motivos económicos y de casta, pues Juan Luna era a sus ojos de "raza india" y la familia Tavera era mestiza[2]. Cuando Juan Luna se casó tampoco gozaba de una situación económica boyante. En todo caso, fue gracias a la intervención de sus hermanos, el escultor Félix Pardo (Manila, Circa 1860 – Buenos Aires 1932) y el reputado médico, historiador y político Trinidad[3], (1857 -1925), los que consiguieron convencer a la madre para que el matrimonio se llevara a cabo.

---

[1] Los hermanos Pardo de Tavera se establecieron en Paris por recomendación de Joaquín Pardo de Tavera que residía en dicha capital. Joaquín Pardo había remplazado el puesto de consejero administrador de Manila al fallecer su hermano Félix en 1865 pero se vio envuelto en 1872 en la insurrección de Cavite y fue hecho prisionero mandándolo a las Marianas.

[2] Según testimonio del propio Juan Luna, afirmaba que los mestizos trataban a los indígenas peor que los españoles.

[3] Albert BATAILLE *Causes criminelles et mondaines de 1893*. Paris. 1894

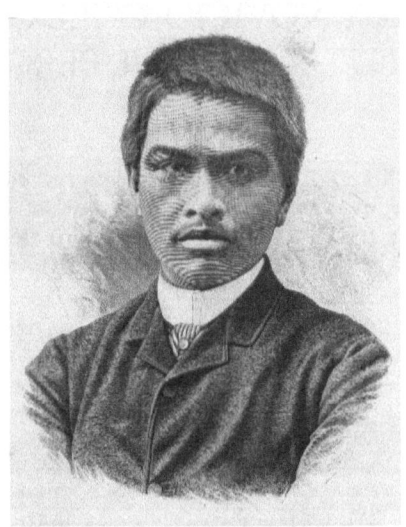

El pintor Juan Luna y Novicio

Curiosamente al principio del matrimonio, fue Paz la que tenía arrebatos de celo, pues no permitía al pintor que en su estudio entraran modelos para posar ante sus cuadros. Por otro lado, su madre, queriendo estar próxima a su hija, se fue a residir junto al matrimonio en 1890, haciéndose cargo de la mitad del alquiler de la Villa Dupont. Sus hermanos frecuentaban asiduamente la casa, donde también pasó alguna temporada el hermano del pintor Juan, el militar Antonio Luna, (29 de octubre de 1866 - 5 de junio de 1899).

En 1892, varias desgracias que afectan a la familia Luna se precipitan. Fallecen su hija de dos años y el padre de Luna en Manila. Entonces, su mujer Paz, aquejada de asma, se va a sanar al balneario de Mont Dore en la Dordoña francesa. Allí conoce a su amante el señor Dussaq, de 45 años, caballero de la Legión de Honor, presidente de la cámara de comercio de la Habana, era hermano de uno de los mayores productores de vinos de Burdeos. Estaba casado con tres hijos y residía en Avenue Kleber, 88. Mientras Luna cuida a su hijo Andrés de cinco años, su mujer abandona el luto.

De regreso a Paris, el día 10 de septiembre, la señora Luna sale de su casa haciendo saber que va a visitar a la modista. El pintor Luna la sigue y se percata de su mentira ya que se topa con el señor Dussacq en la misma escalera. Inmediatamente se dirige a casa de Trinidad, donde le explica lo sucedido. Cuando regresa su mujer, la espera en su casa junto a Trinidad Tavera, el cual se pone de parte del pintor Luna. El 12 de septiembre la presiona, hasta el punto de tirar al aire un disparo, y la señora confiesa su adulterio, entonces la perdona con la condición de irse ambos a vivir a Vigo, pero sin su suegra.

Los celos de Luna se vuelven cada vez más obsesivos. Un día la llegó a agredirla al enterarse que se compró unos lápices de labios y se dedicaba a quemar la ropa que creía indecente. Luna acabaría comprándose un revólver con la intención inicial de atentar contra Dussacq.

Posteriormente, a petición de la suegra, se reunieron en un consejo al que acudieron Félix - que se encontraba entonces de vacaciones en Bercq sur mer-, Trinidad y el abogado de la familia Regidor que vino de Londres. Le comunicaron entonces a Luna su decisión de separarse, Paz se quería divorciar.

El día 22 temprano, los hermanos Tavera y el señor Regidor subieron a casa de Luna donde el niño pequeño estaba enfermo. Entonces Paz les suplicó que no podía más y que la situación le superaba. Los tres rehusaron una proposición de desayunar con el señor Luna y salieron precipitadamente de la casa. Luna, comprendió o lucubró entonces que algo tramaban. Cuando se dirigió a hablar con su mujer, se percató que se había encerrado en una habitación junto a su suegra negándole la entrada. Su suegra le dijo que tenían orden de no dejarle entrar y que se dirigiera a la justicia. Al intentar el pintor forzar la puerta, ambas empezaron a gritar socorro y los hermanos Pardo y Regidor que se encontraban en el café regresaron rápido hacia la casa. Luna ya había enloquecido. Cuando regresaron, Luna realizó un disparo desde la ventana sobre el pecho de Félix Pardo, seguidamente fue a la habitación donde se habían encerrado su mujer con su hijo y su suegra y las disparó. Luego chilló que iba a matar a todo el mundo. Luna le comunicó a Trinidad que había sido su culpa. Cuando subió el conserje, encontraron a Luna abatido a los pies de su hijo.

Su mujer, Paz Pardo de Tavera, fue herida por una bala que no se pudo extraer, quedando medio paralítica, falleció el 5 de octubre, siendo enterrada el 10 de octubre en el cementerio de P. Lachaise de Paris, asistiendo sus hermanos Trinidad y Félix.

Bibliografía:

"Un pintor español asesino" en *La Época*, 23 septiembre 1892

"Un drama en París", *El Día*, 23 septiembre 1892

"Luna Novicio" en *La Época*, 24 septiembre 1892

"Drama de familia. Un pintor español" *en La Correspondencia de España*, 24 septiembre 1892

R. BLASCO "Drama de familia" en *La Libertad*, 24 septiembre 1892.

"El pintor español Luna" en *La Época*, 25 septiembre 1892

El Imparcial, 25 septiembre, 1892

"Drama de familia. Más detalles" en *El Liberal*, 26 septiembre 1892.

"Un drama conyugal en París" en *La Época*, 28 septiembre 1892

"El drama de la calle Pergolese" en *La Época*, 29 septiembre 1892

"La tragedia de parís" en *La Época*, 30 septiembre 1892

La Época, 2 octubre 1892

"Le drame de Villa Dupont en *Le Matin*, 6 octubre 1892

"El proceso Luna Novicio" en *La Correspondencia de España*, 9 febrero 1893

6. EL PINTOR LUIS GUALTIERI Y EL CRIMEN DE FRANCISCO DE PAULA COELLO.

La fatídica noche del 24 de junio de 1851, el pintor italiano Luis Gualtieri, se encontraba celebrando en Barcelona la verbena de san Juan en compañía de sus jóvenes amigos Salvador Dalmases, Lamberto Fontanals y Francisco de Paula Cuello.

A su paso por la calle Balsas de San Pedro, fueron sorprendidos en una emboscada por una partida de individuos que les asestaron diversos navajazos y cuyo principal objetivo era atentar contra la vida del jefe del partido demócrata don Francisco de Paula Cuello y Prats.

Como consecuencia de la refriega, Luis Gualtieri sufrió varias lesiones pero peor parado acabó Francisco de Paula que fallecería finalmente el 11 de julio a los 27 años de edad como consecuencia de las fatales heridas.[4]

Pero ¿quien era exactamente este enigmático y desconocido pintor de apellido Gualtieri que ha pasado inadvertido por los historiadores y porque se encontraba en Barcelona?

Nacido en Venecia hacia 1820, los primeros datos sobre su estancia en España se remontan a 1842 cuando se tienen noticias de su presencia en Andalucía, pero los motivos de su venida a la península están envueltos en la controversia.

Y es que cuando en junio de 1846 se instala a vivir en Madrid[5], se anuncia como restaurador de la galería de pinturas del rey de Sajonia y afirma que ha tenido que emigrar a España a causa de los recientes

---

[4] *El Ancora*, 25 junio de 1851 y con más detalle ver CEFERINO TRESERRA "Francisco de Paula Cuello" en *Colección de crímenes célebres*. Barcelona 1859.

[5] *Diario de Madrid*, 3 mayo 1846 y *El clamor público*, 21 junio 1846

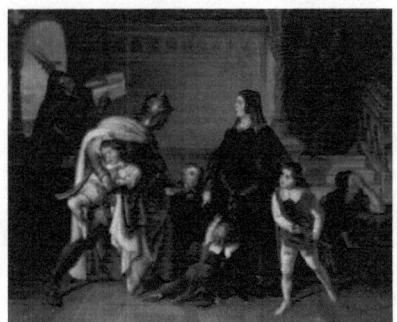
Luis Gualtieri. Escena medieval.

acontecimientos políticos de Rímini[6] Sin embargo tres días después un redactor del diario *El español* desmentiría que Gualtieri viniera a España

---

[6] Se refería al levantamiento que hubo contra el papa el 23 de septiembre

por "compromisos políticos" ya que lo desenmascaró, apuntando que en los últimos cuatro años había estado mudándose entre Cádiz, Sevilla y otras ciudades españolas.[7]

Es muy probable que durante este periodo ya hubiera entablado amistad con el entonces joven de ideas revolucionarias Francisco de Paula Coello que estaba entonces deportado en Andalucía por sus pensamientos liberales. Además, a ambos les unía la misma pasión por la pintura. Francisco de Paula Cuello, se había formado en su juventud asistiendo a las clases nocturnas de dibujo organizadas por la Junta de Comercio en Barcelona y ejerció durante varias etapas de su vida la práctica de la pintura como medio de subsistencia, llegando a ser elogiados en particular sus cuadros de retratos[8].

Instalado pues Luis Gualtieri en Madrid, regentó su propio taller de restaurador de pinturas en la calle de la Cruz donde alcanzó gran prestigio al llevar a cabo la restauración entre otros de una importante obra de Rubens. Gualtieri se dedicó además a la venta como comisionista de cuadros[9] y supo ganarse en la capital, la amistad de los grandes artistas del momento pues asistió junto a Esquivel, Vicente Camarón y Rafael Tejeo a la comida homenaje en honor de Vicente López con motivo de concederle la gran cruz de Isabel la Católica.

Su peculiar personalidad destaca una vez más en 1847 cuando publica en el periódico *El Eco de la Burla* un artículo que con el título de "Dos pintores" profiere un escrito burlesco anónimo contra el ciudadano don Mariano Rodríguez, el cual se manifiesta altamente ofendido. [10]

Tres años después, en octubre de 1850 aparece residiendo en Barcelona, donde expone en su domicilio de la calle Conde del Asalto dos retratos al óleo y dos fruteros.[11] Pero este repentino traslado a Barcelona es debido seguramente a que el pintor tuvo que huir precipitadamente de Madrid, ya que había contraído en la capital un tal elevado cúmulo de deudas que la justicia tuvo que embargarle hasta sus propios cuadros[12].

---

de 1845.

[7] *El español*, 24 de junio de 1846 y un día después rectificaría el diario *El Clamor Público* "Rectificación -Mejor informados acerca del pintor italiano y distinguido restaurador don Luis Gualtieri, podemos asegurar que su venida a España no ha sido por ningún asunto político" El clamor Público, 25 junio 1846*

[8] J. ROIG MINGUET "Francisco de Paula Cuello" en *La Ilustración Republicana Federal*, 31 mayo 1872

[9] Se anunció en la prensa en numerosas ocasiones. *Diario de avisos de Madrid*, 18 octubre 1846, 3 mayo 1847.

[10] *El Clamor Público*, 29 julio 1847, 25 junio de 1846

[11] *El Áncora*, 19 octubre 1850

[12] Mariano Carrascal le puso una demanda por impago. Se publico una nota oficial en la prensa por parte del juez don José Caballero del Mazo notificando que Luis Gualtieri se presentara en el plazo de quince días en los juzgados para nombrar un perito que valorara sus cuadros embargados. *Diario oficial de avisos de Madrid*, 4 diciembre 1850.

A partir de este momento, retomamos el inicio de nuestra historia cuando se sucederá en junio de 1851 el terrible crimen ya relatado de su compañero Francisco de Paula Cuello. Pero a pesar de ello, su actividad artística prosigue en la ciudad condal pues exhibiría en la exposición de la Asociación de amigos de las Bellas Artes de 1852 los cuadros *Interior de un castillo en tiempos de Carlos I, Un paisaje árabe, Paisaje de noche con pastores y Paisaje de tempestad y Efecto de día.* Entonces reside en la calle Ancha, 1

Desde esta última fecha, dejamos de tener noticias del pintor hasta que aparece de nuevo en Madrid en 1860, pues según relata el artista, había estado en unos largos viajes por la Tierra Santa, Arabia y Egipto *"realizando acuarelas de los paisajes y que había invertido mucho tiempo y dinero"*[13].

Parte de estas acuarelas las pondría en venta en su estudio de la calle Hortaleza de Madrid[14] y otras las presentaría a la reina Isabel II mediante un álbum *"donde se hallan reproducidos los mas notables monumentos artísticos que ha visto en aquellos países".*[15]

Finalmente Gualtieri alcanza en la capital de España cierta estabilidad y reconocimiento pues decide fijar su residencia y ahora lo califican como profesor de pintura y dibujo y *que no solo es un pintor sobresaliente si no uno de los restauradores más famosos de Europa.*[16]

Tres años más tarde, en 1863, todavía en Madrid, Gualtieri inaugura en su casa una galería comercial de pinturas donde pone a la venta, entre otros, de una *Alegoría* de Ticiano, dos bocetos de Rubens, un *San Antonio de Padua* de Murillo y una *Magdalena* de Santiago Cerezo.[17]

Pero sus vínculos con Barcelona continuarían, pues expondría con cierta asiduidad en la ciudad. En 1863 presentó un retrato en el comercio *La Maravilla* y un conjunto de paisajes realizados a la acuarela en las exposiciones de bellas Artes de 1867 y 1870.

Por ultimo reseñar que tenemos constancia de la participación de un pintor apellidado Gualtieri que participó en 1880 en la Exposición Regional de Pontevedra[18]

---

[13] *La Discusión*, 23 marzo 1860.
[14] *La Discusión*, 27 marzo 1860.
[15] *La España*, 2 mayo 1860
[16] *La Discusión*, 14 octubre, 1860
[17] "Gacetillas" en *El Lloyd español*, 17 marzo 1863
[18] *El Gallego*, 17 octubre 1880

SOBRE EL AUTOR

Fernando Alcolea (Barcelona, 1960)

Investigador independiente.

Comisario de la exposición y autor del catálogo razonado *Baldomer Galofre. L´homenatge cent anys després*. Museu d´Art i Història de Reus. 2003. Coordinación de Nuria Gil Durán.

Colaborador del diccionario de artistas *Allgemeines Künstlerlexikon*.

Autor de los estudios:

-*Pintores suicidas en España (1800-1950) y otros temas sobre la muerte*. CreateSpace Independent Publishing Platform, 2014.

-*Pintores españoles en Londres (1800-1950)*. CreateSpace Independent Publishing Platform, 2014.

-*El pintor "Philip Villamil of Jamaica" (1814-1878)*. CreateSpace Independent Publishing Platform, 2014.

-*El pintor Lluis Graner en América. Gloria y decadencia*. Academia Edu, 2014.

-*Los pintores orientalistas Ernesto y Carlos Abascal en Marruecos (C.1918-1933)*. Academia Edu, 2014.

-*El pintor Pedro de Vega y Muñoz y su conversión como "fray Cesáreo Vega"*. Academia Edu, 2014.

-*La Estancia en Barcelona del pintor francés Tony François de Bergue (París, 1820-1893)*, Academia Edu, 2013.

-*Nuevas aportaciones sobre la primera etapa de la vida del pintor Achille Battistuzzi*, Academia Edu, 2013.

-Hacia unas aportaciones sobre el mercado del arte en Barcelona en la primera mitad del siglo XIX. Academia Edu, 2013

-Miguel Jumelín y Antonio Cousseau: Marchantes de cuadros en la Barcelona de 1850 y "La exposición artística" de Pedro Martín en 1867. Academia Edu, 2013.

-De Girona a Valparaíso. La huidiza vida del pintor Josep Pagés i Ortiz (c. 1870-1902). Academia Edu, 2013

- El pintor y aeronauta Antoni de Sisteré Hernández, Barón de Catllá (1847-1922). Academia Edu, 2013.

-El pintor Mariano Alonso Pérez y Villagrasa (Zaragoza, 1857 – Madrid, 1930) y el auto bólido. Academia Edu, 2014.

- El fenómeno de los "Talleres y Pisos". Una iniciativa independiente de los artistas. Fernandoalcolea.com, 2013.

-Josep Monter y Francesc Bassols. Fernandoalcolea.com, 2013.

-Luis de Llanos Keats (1843-1894). Fernandoalcolea.com, 2013.

- Augusto Ferrán y Andrés . Un pintor testimonio de la "Fiebre del oro" en California (1849 - 1850). Fernandoalcolea.com, 2013.

Pintores suicidas en España (1800-1950) y otros temas sobre la muerte.

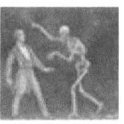

www.ingramcontent.com/pod-product-compliance
Lightning Source LLC
Chambersburg PA
CBHW020931180526
45163CB00007B/2969